브랜드만족
1위
박문각

개정3판

9급 공무원 영어 시험대비

박문각
공무원

특별판

KB124184

진가영
영어

진가영 편저

단판승
문법

적중 포인트 100

"2025년 출제 기조 전환
문법 적중 포인트 100
완벽 반영 및 분석"

동영상강의 www.pmg.co.kr

단번에 판단해서 승리하는
단판승 ✦ 문법 적중 포인트 100 을 출간하며...

안녕하세요. 여러분들의 단기합격 길라잡이 진가영입니다.

합격한 제자들이 최고 추천하는 단판승 교재는 **공무원 시험을 준비하시는 수험생이라면 영어 문법으로 고민이 많으신 분들을 위한 필수 교재입니다.** 또한 공무원 영어 시험에 빈출되고 핵심이 되는 포인트들, 즉 적중 포인트들을 100가지로 구분하여 가장 어렵다고 여겨지는 영어 문법을 정복을 돕는 교재입니다.

다시 말해, **시험에서 다뤄지는 영어 문법 이론을 체계적으로 정리해서 빠르고 정확하게 한 번에 문제 풀이까지 적용할 수 있도록 돕는 문법 핵심 요약서이자 여러분들이 반드시 시험장에서 문법 문제를 다 맞힐 수 있도록 돕는 시험 직전 반드시 보고 가야 할 필수 교재입니다.**

최고의 적중률을 자랑하는 안전하고 완벽한 교재인 단판승의 장점은 다음과 같습니다.

시험에서 다뤄지는 영어 문법 영역을 학습하기 용이한 순서로 구성하여 수험생들이 언제 어디서든 쉽게 이해할 수 있고 한번에 빠르게 문법을 정리할 수 있도록 구성했습니다. 또한 각 문법 출제 포인트에 대해 중요도를 표시함으로써 학습의 효율성을 높였고 시험 볼 때 한 선지당 10초~15초 이내에 단번에 파악해서 출제포인트를 확인하고 적용할 수 있도록 시각적으로 어떻게 펜체킹을 해야 하는지 배울 수 있도록 구성했습니다. 마지막으로, 적중률 100프로를 만드는 출제자의 눈으로 시험에 출제될 수 있는 출제 예상 선지들을 수록하여 실전 훈련까지 가능하게 구성했습니다.

따라서, **문법 핵심 이론 정리와 문제적용을 접목한 이 "단판승 문법 적중 포인트 100" 교재로 여러분들에게 영어 고득점 또는 만점으로 가기 위한 가장 중요한 문법을 모두 맞출 수 있도록 했습니다.**

끝으로 항상 좋은 수업과 교재로 수업을 가능하게 해주신 학원과 출판 관계자분들께 그리고 항상 저를 믿고 따라와 주시는 분들께 진심으로 존경과 감사의 말씀을 전합니다.

여러분들의 노력이 반드시 합격으로 이어지도록 같이 현명한 길라잡이
로서 더 좋은 모습으로 수업을 통해 뵙도록 하겠습니다. ❀

이 교재에 나와 있는 적중 포인트 100만 외우시면 단판승 할 수 있습니다.
꼭 승리합시다!

Dreams come true!
꿈은 반드시 이루어진다!

진심을 다해 가르치는 영어 - 진가영

① 2025년도 출제 기조 전환 "핵심 내용"

"지식암기 위주에서 현장 직무 중심으로 9급 공무원 시험의 출제 기조가 바뀐다"

인사혁신처가 출제하는 9급 공무원 시험 국어·영어 과목의 출제 기조가 2025년부터 전면 전환됩니다. 인사혁신처 처장은 '2023년 업무보고'에서 발표했던 인사처가 출제하는 9급 공무원 시험의 '출제 기조 전환'을 2025년부터 본격 추진한다고 밝혔습니다.

'출제 기조 전환'의 핵심내용은 지식암기 위주로 출제되고 있는 현행 9급 공무원 시험 국어·영어 과목의 출제 기조를 직무능력 중심으로 바꾸고, 민간 채용과의 호환성을 강화하는 것입니다. 현장 직무 중심의 평가를 위해 영어 과목에서는 실제 업무수행에 필요한 실용적인 영어능력을 검증하고자 합니다. 특히 영어 과목에서는 실제 활용도가 높은 어휘를 주로 물어보고 어법의 암기를 덜 요구하는 방식이고, 전자메일과 안내문 등 업무 현장에서 접할 수 있는 소재와 형식을 적극 활용한 문제들로 구성될 것으로 보입니다.

이를 바탕으로 인사혁신처는 종합적 사고력과 실용적 능력을 평가하게 되는 출제 기조 전환으로 공직에 더 적합한 인재를 선발할 수 있고, 공무원과 민간부문 채용시험 간 호환성 제고로 청년들의 시험 준비 부담이 감소되고 우수한 인재가 공직에 보다 더 지원할 것으로 기대하고 있습니다.

② 2025년 "현명한" 신경향 공무원 영어 학습 전략

신경향 어휘 학습

출제 기조 전환 전에는 유의어 유형을 많이 물어보고 단순 암기로 인하여 문제 푸는 시간 또한 절약할 수 있었습니다. 하지만 2025년 출제 기조 전환 예시문제를 보면 어휘는 빈칸 유형으로만 구성된 것으로 보아 **제시문의 맥락을 고려하고 정확한 단서를 찾은 후에 빈칸 안에 어떤 어휘가 적절한 것인지 찾는 훈련과 연습**이 반드시 필요합니다.

신경향 문법 학습

출제 기조 전환 전에는 문법 문제들이 박스형, 문장형, 영작형으로만 구성되었지만 출제 기조 전환 발표 중 일부인 민간 채용과의 호환성을 강화하는 취지로 **TOEIC, TEPS 시험에서 잘 나오는 빈칸 유형이 문법 문제로 새로 추가되었습니다.** 이런 유형들은 기존의 유형들과 확실하게 다른 접근법으로 문제를 풀어야 하므로 **문법 파트별로 체계적인 이론 정리와 더불어 다양한 문제들을 많이 풀어보고 문제 풀이 전략을 정확하고 확실하게 배워야 합니다.**

신경향 독해 학습

출제 기조 전환 전에는 1지문 1문제로 구성되고 각 선지들이 지문에 맞는지, 안 맞는지만 판단하기만 하면 되었지만 **2025년 출제 기조 전환 예시문제를 보면 독해 유형에 세트형이 2문제로 구성되어 있습니다.** 세트형이라고 난도가 더 올라갔다고 보기는 어렵지만 **다소 생소한 형식의 문제 유형이 출제되면 수험생들이 당황하기가 쉬우므로 신유형 독해 문제인 전자메일과 안내문, 홈페이지 게시글 등의 형식들에 대한 체계적인 학습을 통해 빠르고 정확하게 푸는 전략을 체화시켜야 합니다.** 이와 같은 형식으로 단일 지문으로 구성되기도 하니 특히 많은 훈련이 필요한 영역입니다.

구성 및 특징

① 문법 출제 포인트를 100가지로 분류하고 시험 중요도를 표시함으로써 체계적인 학습 가능

> **적중 포인트 001 문장의 구성요소와 8품사**　　시험중요도 ★★★★

② 문법 문제를 풀기 위한 해결 전략을 간단하게 제시함으로써 쉬운 문법 학습 가능

> **✓ 빠르게 문제 푸는 Solving Strategy**
> ⑨ 주어, 목적어, 보어 자리에는 동사가 아닌 **명사나 대명사**가 쓰여야 한다.
> ⑨ 동사 자리에 준동사가 아닌 **수, 시제, 태를 표시한 동사**가 쓰여야 한다.
> ⑨ 보어 자리에 부사가 아닌 **형용사나 명사**가 쓰여야 한다.
> ⑨ 명사를 수식할 경우에는 **형용사**를 쓰고 그 외에는 **부사**로 수식한다.

③ 문법 핵심이론을 정리함으로써 시험에 필요한 문법 이론을 한눈에 확인 가능

> **✓ 적중 포인트 핵심 이론 Summary**
>
> | 문장 구성요소 | 8품사 |
> |---|---|
> | 주어(Subject) | 명사, 대명사 |
> | 동사(Verb) | 동사 |
> | 목적어(Object) | 명사, 대명사 |
> | 보어(Complement) | 명사, 대명사, 형용사 |
> | 수식어(Modifier) | 형용사, 부사 |

④ 문법 해결 전략과 핵심이론 내용을 실전 문장에 시각적으로 적용해 효율적 학습 가능

> **✓ 문장으로 적용하는 Solving Strategy**
>
> ✐ 주어, 목적어, 보어 자리 → 동사 (x) 명사나 대명사 (o)
> [1] **Memorize**(→ Memorizing) words steadily is easy.
>   　S　　　　　　　　　　M　　v? E.C
>
> ✐ 동사 수식 → 형용사 (x) 부사 (o)
> [2] Each officer must perform their duties **efficient**(→ efficiently).
>   　S　　　　　V　　　　O　　　　　M
>
> ✐ 동사 자리 → 준동사 (x) 수, 시, 태를 표시한 동사 (o)
> [3] Young ladies **dancing**(→ danced) all evening with them.
>   　S　　　　　V?　　　M

> **✓ 적중 포인트 Level-up Exercise 01**
>
> ※ 다음 밑줄 친 부분이 옳으면 O, 옳지 않으면 X하고 올바르게 고치세요.
>
> 01 A more <u>experienced</u> teacher would have treated him otherwise. [O][X]
> 02 The company offered <u>facilitate</u> an international conference. [O][X]
> 03 I think we need more chairs for our upcoming event, <u>don't we</u>? [O][X]
> 04 Most private investors have preferred to finance more short-term
> 　 technologies, <u>do they</u>? [O][X]

> **✓ 적중 포인트 Level-up Exercise 02**
>
> ※ 밑줄 친 부분에 들어갈 말로 적절한 것을 고르시오.
>
> 05 _____ doors in supermarkets facilitate the entry and
> 　 exit of customers.
> 　 ① An automatic　　　　　② Automatic
> 　 ③ An automation　　　　 ④ Automatically
>
> 06 She will ask you _____ going to be.
> 　 ① where is the presentation　② is the presentation
> 　 ③ where the presentation is　④ the presentation is
>
> 07 I wonder _____ for my presentation.
> 　 ① where I can rehearsal　　② where can I rehearsal
> 　 ③ can I rehearsal where　　④ where I rehearsal can
>
> 08 I think a computer technician was here an hour ago, _____?

⑤ 문법 문제로 자주 출제 되는 내용은 연습 문제를 통해 그대로 학습 가능

2025년
신경향(New Trend) ✧ ✦
정규 커리큘럼

합격을 위한
필수 과정

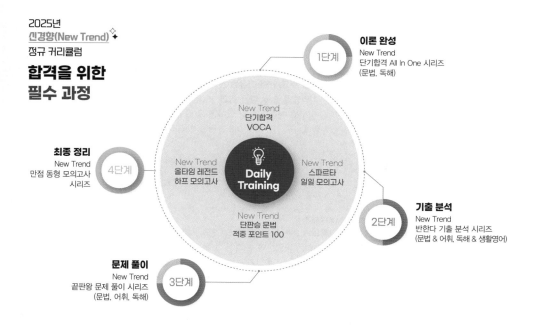

이론 완성
New Trend
단기합격 All In One 시리즈
(문법, 독해)

1단계

New Trend
단기합격
VOCA

최종 정리
New Trend
만점 동형 모의고사
시리즈

4단계

New Trend
올타임 레전드
하프 모의고사

**Daily
Training**

New Trend
스파르타
일일 모의고사

New Trend
단판승 문법
적중 포인트 100

기출 분석
New Trend
반한다 기출 분석 시리즈
(문법 & 어휘, 독해 & 생활영어)

2단계

문제 풀이
New Trend
끝판왕 문제 풀이 시리즈
(문법, 어휘, 독해)

3단계

2025년
신경향(New Trend) ✧ ✦
보완 커리큘럼

합격을 위한
선택 과정

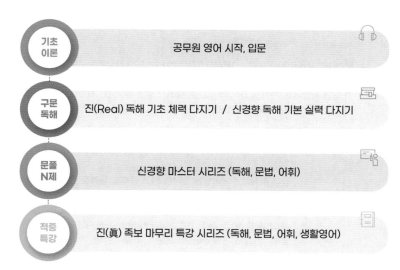

**기초
이론**
공무원 영어 시작, 입문

**구문
독해**
진(Real) 독해 기초 체력 다지기 / 신경향 독해 기본 실력 다지기

**문풀
N제**
신경향 마스터 시리즈 (독해, 문법, 어휘)

**적중
특강**
진(眞) 족보 마무리 특강 시리즈 (독해, 문법, 어휘, 생활영어)

★★★★★ 2024년 일반농업직 영어 100점   **주

3번 도전 끝에 마지막이라고 생각한 시험에서 다행히도 최종합격이라는 좋은 결과를 얻을 수 있었습니다. 제가 이번 **국가직에서 최종합격 할 수 있었던 이유는 진가영 선생님 덕분입니다!** 이번 국가직 영어가 어렵게 출제가 되었지만 **가영쌤을 믿고 따른 결과 100점이라는 성적을 거둘 수 있었습니다.** 혹시라도 영어 강의 선택을 앞두고 계신 분들이 있다면 무.조.건. 진.가.영. 영.어.를 선택하시길 바랍니다! 내년에 바뀌는 시험에서도 안전하게 여러분들을 합격까지 인도해주실 것입니다.

★★★★★ 2024년 사회복지직 영어 95점   **화

I can not thank you enough♡♡♡
시험을 준비하면서 나름의 소소한 목표 중 하나가 영어 시험을 잘 봐서 가영쌤한테 제가 먼저 올해 영어 잘 봤다고 연락드리는 거였는데, 드디어 그 목표를 이룰 수 있게 되어서 너무 기뻐요! 처음 박문각 와서 하프 들었을 때 3,4개 맞기도 하고 그랬던 적이 있었는데~ **쌤과 열심히 함께 달렸더니 95점이라는 이런 좋은 점수를 받았습니다.** 영어는 제 발목을 잡는 과목 중 하나여서 처음부터 끝까지 긴장을 놓지 않고 제일 큰 비중을 두고 공부한 과목이었습니다. 이번 지방직에서 단어, 문법, 생활영어까지 쌤과 함께 공부했던 범위 내에서 계속 반복하며 공부했던 부분들이라 신속하고 정확하게 풀 수 있어 시간 절약을 했던 것 같아요! 다 가영쌤과 함께한 덕분이에요!

★★★★★ 2024 일방행정직 영어 95점   **선

영어 100점은 진짜 운이라고 생각했는데 선생님 만나고 나서 이게 진짜 실력으로 된다는 걸 알았어요. 단어 미친 반복으로 겨우 다 외우고 문법도 단판승 3시간 너무 좋았고 독해는 그 200제가 정말 좋았어요. 제가 국가직 영어 35분 걸려서 정말 선생님도 찾아뵈고 걱정 많이 했었는데 이번 지방직은 20분 컷해서 정말 좋았어요. 언제나 감사합니다!!

★★★★★ 2024 일방행정직 영어 95점   **경

공시 시작하고 가영쌤을 만나서 영어 공부도 즐겁게 할 수 있었고 95점이라는 고득점도 해볼 수 있었고 항상 최선을 다하시는 모습을 보면서 많이 본받아야겠다 생각했습니다. 나태해질 때마다 쌤을 보면서 힘을 얻었고 앞으로도 제가 많이 존경하고 진심으로 응원할 영원한 제 1타 강사 가영쌤♡ 건강 잘 챙기시고 곧 태어날 아이와 가족들 또 주변 사람들과 행복한 순간만 앞으로 더 가득하시면 좋겠어요♡서울 가게 되면 인사드리러 꼭 갈게요!! 쌤이랑 함께한 시간들 항상 소중했어요♡
I cannot thank you enough♡♡

★★★★★ 충남 교행 수석 합격, 영어 100점 　　　　　　　　　　　　　　　　　　김**

매번 가영쌤이 고유명사처럼 Mr.판승을 애타게 부르짖으며 홍보하는 **존재감 넘치는 강의**입니다. 문법의 핵심 킬포인트를 **반복하며 확실하게 내 것으로 만들 수 있도록** 많은 노력을 기울여 주십니다. 기존에 확실히 배우고 넘어갔다 생각한 문법 포인트들도 어느 순간 기억 속에서 잘 안 꺼내지는 경우가 많은데 그런 상황을 해결하는 데 많은 도움을 줍니다. 더 확실하게 기억할 수 있게 매번 특강들을 통해서도 요점들을 반복하여 계속 언급해 주시기 때문에 수험생 입장에서는 **반복 회독하는 부분까지 그냥 떠먹여 주는 대로 받아먹으면 되는** 든든한 강의입니다.

★★★★★ 철도경찰직 합격, 영어 95점 　　　　　　　　　　　　　　　　　　이**

저는 공부 마무리를 교수님의 단판승 문법 킬포인트 100이라는 강의로 했습니다. **잠깐 까먹었던 개념들이나 아직 살짝 헷갈렸던 개념들을 빠르게 정리하는 강의**였습니다. 마무리로 양을 늘리는 것이 아니라 아는 내용, **시험에 꼭 나오는 내용을 다시 한 번 꼼꼼히 짚고 넘어갈 수 있어 좋았습니다.** 또 마지막엔 안 그래도 짧은 단판승을 3시간으로 요약한 강의를 제공해 주셔서 시험 직전 마무리 공부에 정말 큰 도움을 받았습니다.

★★★★★ 사회복지직 합격, 영어 95점 　　　　　　　　　　　　　　　　　　강**

선생님은 자칫 지루할 수 있는 **문법 수업을 정말 쉽고 재미있고 어려운 부분까지 정확하게 다루어 주셨습니다!** 선생님의 단판승 요약서를 보고 선생님의 문법 특강 강좌에 참여하면서 선생님과 호흡하는 재미있는 수업을 하였고, 수업이 끝난 후에는 **어느 순간 리틀 가영(?)이 되어 선생님이 알려준 재밌는 암기법과 챈트로** 재미있게 문법을 푸는 제 자신을 발견하게 되었습니다. 단판승 요약서를 활용한 문법 강의를 진행하여 수험생들에게 문법에 대한 두려움을 없애고 중요한 내용을 토가 나올 정도로 반복하여 시험이 가까워질 때는 완벽에 가깝게 암기하여 적용을 원활하게 잘 할 수 있도록 좋은 강의를 진행해 주셨습니다.

★★★★★ 일반행정직 합격, 영어 95점 　　　　　　　　　　　　　　　　　　김**

가영쌤의 수업이 정말 좋았던 이유는 문법, 독해를 체계적으로 잘 가르쳐 주시고 매일매일 단어 인증을 숙제로 내주셔서 의무감으로라도 단어를 꾸준히 외울 수 있도록 도와 주셨다는 점입니다!! 또, 엄청나게 지엽적인 문제들 위주로 가르쳐 주시기보다는 정말 시험에 나오는 것들, **출제 포인트를 딱 집어서 가르쳐 주셔서** 시험장 가서도 '내가 어떤 출제 포인트에 집중하면 되겠다!' 라는 부분을 알 수 있도록 도와 주셨습니다. 가영쌤 400제, 동형, 단판승 정말 최고입니다!!! **이 세 개의 커리만 제대로 따라가도 충분히 고득점 가능하다고 생각합니다.**

CHAPTER 08 분사

CHAPTER 09 부정사

part 03 조동사와 조동사를 활용한 구문

CHAPTER 10 조동사

CHAPTER 11 도치 구문과 강조 구문

CHAPTER 12 가정법

진가영 영어
단판승 문법 적중 포인트 100

진가영 영어연구소 | cafe.naver.com/easyenglish7

Part

01

문장과 동사

01 문장의 이해

 적중 포인트 *CHECK-UP*

> 적중 포인트 001 문장의 **구성요소**와 **8품사** ★★★★
> 적중 포인트 002 **구와 절**, 문장이 길어지는 이유 ★
> 적중 포인트 003 어순이 중요한 **간접의문문** ★★★
> 적중 포인트 004 주절의 주어와 동사가 중요한 **부가의문문** ★★★

 신경향 출제 예상 문제 *Preview*

Q1 다 음 밑줄 친 부분 중 어법상 옳지 않은 것은?

> During our conversation, she asked me where I ① <u>had found</u> such an interesting book. I explained ② <u>that</u> I discovered it in a small, quaint bookstore downtown. She was curious because she had been searching for unique books ③ <u>add</u> to her collection. We ended up ④ <u>discussing</u> our favorite authors and the best places to find rare books.

Q2 다 음 밑줄 친 부분에 들어갈 말로 가장 적절한 것은?

> _____ a healthy lifestyle is crucial as it not only improves physical well-being by reducing the risk of chronic diseases but also enhances mental health.

① Maintain
② Maintained
③ Maintenance
④ Maintaining

✓ 신경향 출제 예상 문제 *Pen Checking*

Q1 다 음 밑 줄 친 부 분 중 어 법 상 옳 지 않 은 것 은?

> During our conversation, she asked me **where** I ① <u>had found</u> such an interesting book. I explained ② <u>that</u> I discovered it in a small, quaint bookstore downtown. She was curious because she had been searching for unique books ③ <u>add</u> [to add → 문장에 이미 동사가 존재할 경우 적절한 준동사로 써야 함.] to her collection. We ended up ④ <u>discussing</u> our favorite authors and the best places to find rare books.

Q2 다 음 밑 줄 친 부 분 에 들 어 갈 말 로 가 장 적 절 한 것 은?

> 명사 목적어를 취하는 주어 자리 a healthy lifestyle is crucial as it not only improves physical well-being by reducing the risk of chronic diseases but also enhances mental health.

① Maintain [×]

　➡ 동사는 문장의 주어 역할을 할 수 없음.

② Maintained [×]

　➡ 문장에 이미 동사가 있으면 과거시제 동사는 쓸 수 없음.

　➡ 과거분사는 목적어를 취할 수 없음.

③ Maintenance [×]

　➡ 명사는 문장의 주어 역할을 할 수 있으나 다른 명사를 목적어로 취할 수 없음.

④ Maintaining [○]

　➡ 동명사는 문장의 주어 역할을 하면서 명사 목적어를 취할 수 있음.

해석

Q1 대화 중에 그녀는 내가 그런 흥미로운 책을 어디서 찾았는지 물어봤다. 나는 시내에 있는 작고 아담한 서점에서 발견했다고 설명했다. 그녀는 독특한 책을 자신의 컬렉션에 추가하기 위해 찾고 있었기 때문에 호기심이 많았다. 우리는 결국 좋아하는 작가들과 희귀한 책을 찾기 좋은 장소에 관해 이야기하게 되었다.

Q2 건강한 생활 방식을 유지하는 것은 만성 질환의 위험을 줄여 신체적 안녕을 향상할 뿐만 아니라 정신 건강을 개선하기 때문에 중요하다.

적중 포인트 001 문장의 구성요소와 8품사   시험중요도 ★★★★

 빠르게 문제 푸는 *Solving Strategy*

◎ 문장의 구성요소에는 **주어, 동사, 목적어, 보어, 수식어**가 있고 각각의 **특징**을 확인한다.
◎ 문장은 **1형식부터 5형식**까지 나눌 수 있고 이에 따라 **각 출제 포인트가 다르므로** 주의한다.

✅ 적중 포인트 *핵심 이론 Summary*

• 문장의 구성요소

주어(Subject)	문장에서 동작 또는 상태의 주체를 나타내는 문장 성분, 주로 동사 앞에 쓰임.
동사(Verb)	주어의 동작이나 상태를 서술하는 문장 성분, 주로 주어 뒤에 쓰임.
목적어(Object)	동작의 대상이 되는 문장 성분, 주로 동사 뒤에 쓰임.
보어(Complement)	주어나 목적어에 대해서 보충 설명해 주는 성분, 주로 동사 뒤에 쓰임.
수식어(Modifier)	주어, 동사, 목적어, 보어 또는 문장 전체를 꾸며주는 성분, 주로 꾸며주는 성분 주위에 쓰임.

• 문장의 형식

1형식	주어 + 1형식 동사	4형식	주어 + 4형식 동사 + 간접목적어 + 직접목적어
2형식	주어 + 2형식 동사 + 주격 보어		
3형식	주어 + 3형식 동사 + 목적어	5형식	주어 + 5형식 동사 + 목적어 + 목적격 보어

✅ 문장으로 적용하는 *Solving Strategy*

✏ 동사 앞 → **주어 (o)**

[1] **The technical capacity of an organization** is crucial for innovation.
      S   V2

✏ 동사 뒤 → **보어 (o)**

[2] She **seemed** **happy** with the results of her exam.
         V2   S.C

✏ 동사 뒤 → **목적어 (o)**

[3] We **have** **enough room** for over 200 delegates.
       V3   O

해석

[1] 조직의 기술적 역량은 혁신에 중요하다.
[2] 그녀는 시험 결과에 만족하는 것 같았다.
[3] 우리는 200명 이상의 대표자를 수용할 수 있는 충분한 공간이 있다.

적중 포인트 002 구와 절, 문장이 길어지는 이유　[시험중요도 ★]

 빠르게 문제 푸는 *Solving Strategy*

◉ **구**와 **절**은 하나의 **단어**처럼 문장에서 사용되며 **문장을 길게 만드는 요소**이다.
◉ **구**와 **절**은 두 개 이상의 단어가 모인 패거리로 이해하고 **하나의 단위**로 묶어서 파악한다.
◉ 문장의 **필수 성분**을 수식해 주는 **수식어 성분**은 주로 **괄호 처리**하고 문법 출제 포인트를 확인한다.

 적중 포인트 *핵심 이론 Summary*

• 구(phrase) – 두 단어 이상이 모였으나 주어와 서술어의 구성이 아닌 언어 형식

명사구 (주어, 목적어, 보어)	to부정사구, 동명사구, 의문사구[의문사 + to부정사]
형용사구 (명사 수식, 보어)	to부정사구, 분사구, 전명구[전치사 + 명사]
부사구 (문장 및 문장 성분 수식)	

• 절(clause) – 서술어(동사)를 가진 비독립적 문장, 접속사로 시작하는 종속절이 중요

명사절 (주어, 목적어, 보어)	that절, whether/if절, what절, 의문사절[간접의문문], 복합관계대명사절
형용사절 (명사 수식)	관계사절(관계대명사절 / 관계부사절) [who, whom, whose, which, that / when, where, why, how]
부사절 (문장 수식)	시간, 조건, 이유, 방법, 양태 등의 의미를 가진 접속사가 이끄는 절 (명사절과 형용사절을 제외한 나머지 절)

• 문장의 필수 성분과 수식어

문장의 필수 성분	주어(Subject), 동사(Verb), 목적어(Object), 보어(Complement)
수식어	동격명사, 형용사, 부사, 전명구(전치사 + 명사), 분사(-ing, p.p.), to부정사, 관계사절, 부사절, 동격절

✓ 문장으로 적용하는 *Solving Strategy*

✎ 구와 절 → 하나의 단위로 묶어서 파악

1. **Dancing together** is fun. [주어 역할을 하는 **동명사구**]
        S   V2 S.C

2. I don't know **whether he will come or not**. [목적어 역할을 하는 **명사절**]
  S   V3   O

3. Everyone has a chance **to win**. [수식어(명사 수식) 역할을 하는 **to부정사구**]
    S   V3   O   M

4. She is someone **who is ready to help**. [수식어(명사 수식) 역할을 하는 **관계대명사절**]
  S V2 S.C   M

5. The cat is sleeping **in my room**. [수식어(부사) 역할을 하는 **전명구**]
    S   V1   M

6. I can go out **after my mom comes home**. [수식어(부사) 역할을 하는 **부사절**]
  S   V1   M

해석

1. 함께 춤추는 것은 즐겁다.
2. 나는 그가 올지 안 올지 모른다.
3. 누구나 이길 가능성이 있다.
4. 그녀는 도와줄 준비가 되어 있는 사람이다.
5. 그 고양이가 내 방에서 자고 있다.
6. 엄마가 집에 온 후에 나는 밖으로 나갈 수 있다.

적중 포인트 003 어순이 중요한 간접의문문 　　시험중요도 ★★★

✓ 빠르게 문제 푸는 *Solving Strategy*

◉ 문장을 내용에 따라 분류하면 평서문, 의문문, 명령문이 있고 특히 **의문문**의 **구조**가 **중요**하다.
◉ **간접의문문[의문사절]**은 명사절 중 하나로 「의문사 + 조동사 + 주어」 도치 구조가 아닌 **평서문의 어순**인 「**의문사＋ (주어) ＋ 동사**」로 쓴다.

✓ 적중 포인트 *핵심 이론 Summary*

• 간접의문문의 어순

who, which, what	+ 주어 + 동사	주어 없는 불완전 구조
	+ 주어 + 동사 + 목적어	목적어 없는 불완전 구조
whom	+ 주어 + 동사 + 목적어	목적어 없는 불완전 구조
whose	+ 주어 + 동사	완전 구조
	+ 목적어 + 주어 + 동사	
when, where, why, how	+ 주어 + 동사	완전 구조

주의 단, how는 「how 형용사/부사 + 주어 + 동사」 순서도 가능.
주의 생각 동사(think, believe, suppose, guess)가 주절의 동사인 직접의문문의 경우 간접의문문의 의문사를 주절 앞에 씀.

✓ 문장으로 적용하는 *Solving Strategy*

✎ 주어, 목적어, 보어 자리 → 의문사 + **조동사 + 주어** (x) 의문사 + **(주어) + 동사** (o)

1 I wondered who ~~should I~~(→ I should) go and talk to.
2 This guide book tells you where ~~should you~~(→ you should) visit in Hong Kong.
3 Do you know why ~~did he buy~~(→ he bought) it?

✎ 생각 동사가 주절의 동사인 직접의문문의 경우 → 간접의문문의 의문사는 **주절 앞** (o)

4 Why **do you think** this coffee machine doesn't work?

해석

1 나는 누구에게 가서 이야기해야 할지 궁금했다.
2 이 안내 책자는 당신이 홍콩에서 어디를 방문해야 하는지를 말해준다.
3 그가 왜 그것을 샀는지 아세요?
4 이 커피 자판기가 작동하지 않는 이유를 아세요?

적중 포인트 004 주절의 주어와 동사가 중요한 부가 의문문 시험중요도 ★★★

✓ 빠르게 문제 푸는 Solving Strategy

◎ 부가의문문은 **부가의문문을 만드는 규칙**에 따라 **올바르게** 쓰였는지 확인한다.

✓ 적중 포인트 핵심 이론 Summary

• 부가의문문을 만드는 규칙

❶ 부가의문문은 주절(긍정 또는 부정)과 **반대 상황**으로 만든다.

❷ 부가의문문의 주어는 대명사로 쓰고 부가의문문이 **부정형**이면 축약해서 쓴다.

❸ 주절과 종속절로 이루어져 있는 복문의 경우에는 **주절**로 부가의문문을 만든다.

❹ 부가의문문의 동사는 주절의 동사에 **종류와 시제**를 맞춘다.

❺ 부가의문문의 주절이 「I think/believe/suppose/guess」 등으로 시작할 때는 **종속절 주어와 동사**로 부가의문문을 만든다.

❻ 두 개 이상의 등위절로 이루어져 있는 **중문**의 경우에는 부가의문문과 **가까이 있는 등위절**로 부가의문문을 만든다.

  예 This book has been best seller but it **hasn't** come in any paperback yet, **has it**?

✓ 문장으로 적용하는 Solving Strategy

✎ 부가의문문 → 주절과 **같은 상황 (x) 반대 상황 (o)**

[1] Henry is kind, is(→ isn't) he?

[2] You don't like it, don't(→ do) you?

✎ 복문에서 부가의문문 → **주절 확인**

[3] It's not surprising that book stores don't carry newspapers any more, doesn't(→ is) it?

[4] Bill supposes that Mary is married, isn't(→ doesn't) he?

✎ 「I think/believe/suppose/guess」로 시작하는 부가의문문
→ **주절 (x) 종속절 (o)**

[5] I believed that she would accept an offer, didn't I(→ wouldn't she)?

해석

[1] Henry는 친절해, 그렇지 않니?

[2] 너는 그것을 좋아하지 않아, 그렇지?

[3] 서점에서 더 이상 신문을 취급하지 않는 것은 놀라운 일이 아니야, 그렇지?

[4] Bill은 Mary가 결혼했다고 생각하지, 그렇지 않니?

[5] 나는 그녀가 제안을 받아들일 거라고 믿었어, 그렇지 않니?

✓ 적중 포인트 *Level-up Exercise 01*

※ 다음 밑줄 친 부분이 옳으면 O, 옳지 않으면 X하고 올바르게 고치세요.

01 A more <u>experienced</u> teacher would have treated him otherwise. ☐O ☐X

02 The company offered <u>facilitate</u> an international conference. ☐O ☐X

03 I think we need more chairs for our upcoming event, <u>don't we</u>? ☐O ☐X

04 Most private investors have preferred to finance more short-term
technologies, <u>do they</u>? ☐O ☐X

✓ 적중 포인트 *Level-up Exercise 02*

※ 밑줄 친 부분에 들어갈 말로 적절한 것을 고르시오.

05 _____ doors in supermarkets facilitate the entry and
exit of customers.
① An automatic   ② Automatic
③ An automation   ④ Automatically

06 She will ask you _____ going to be.
① where is the presentation   ② is the presentation
③ where the presentation is   ④ the presentation is

07 I wonder _____ for my presentation.
① where I can rehearsal   ② where can I rehearsal
③ can I rehearsal where   ④ where I rehearsal can

08 I think a computer technician was here an hour ago, _____?
① don't I   ② didn't he
③ wasn't he   ④ was he

적중 포인트 Level-up Exercise 01 & 02 정답

01 O	**02** X to facilitate	**03** O	**04** X haven't they
05 ②	**06** ③	**07** ①	**08** ③

02 단어의 이해

✓ 적중 포인트 CHECK-UP

적중 포인트 005 　단어의 8품사 ★★★★
적중 포인트 006 　가산 명사의 종류와 특징 ★★
적중 포인트 007 　불가산 명사의 종류와 특징 ★★★
적중 포인트 008 　주의해야 할 명사의 복수형 ★
적중 포인트 009 　관사의 종류와 생략 ★
적중 포인트 010 　격에 따른 인칭대명사 ★★
적중 포인트 011 　재귀대명사의 2가지 용법 ★
적중 포인트 012 　지시대명사 this와 that ★★★★
적중 포인트 013 　부정대명사의 활용 ★
적중 포인트 014 　형용사와 부사의 차이 ★★★★★
적중 포인트 015 　주의해야 할 형용사 ★★★
적중 포인트 016 　수량 형용사와 명사의 수 일치 ★★★
적중 포인트 017 　어순에 주의할 형용사와 부사 ★★★
적중 포인트 018 　혼동하기 쉬운 부사 ★★

✓ 신경향 출제 예상 문제 Preview

Q1 다음 밑줄 친 부분 중 어법상 옳지 않은 것은?

In setting up a new ① office, it is crucial to carefully select ② a right furniture that complements the office design and enhances employee comfort, gather all ③ necessary information about reliable suppliers to make informed purchasing decisions, and ensure the acquisition of modern ④ equipment that meets the technological needs of the business and improves operational efficiency.

Q2 다음 밑줄 친 부분에 들어갈 말로 가장 적절한 것은?

> The mother gently rocked the cradle with the _____ baby, while many family members quietly gathered around, sharing another moment of peace and joy.

① asleep   ② sleep   ③ sleeping   ④ a sleep

✓ 신경향 출제 예상 문제 *Pen Checking*

Q1 다음 밑줄 친 부분 중 어법상 옳지 않은 것은?

> In setting up a new ① <u>office</u>, it is crucial to carefully select ② <u>a right furniture</u>
> [a 삭제 ➡ 불가산 명사는 부정관사나 수사와 함께 쓰이지 않고 복수형을 만들 수 없음.] that complements
> the office design and enhances employee comfort, gather all ③ <u>necessary</u>
> <u>information</u> about reliable suppliers to make informed purchasing decisions, and
> ensure the acquisition of modern ④ <u>equipment</u> that meets the technological
> needs of the business and improves operational efficiency.

Q2 다음 밑줄 친 부분에 들어갈 말로 가장 적절한 것은?

> The mother gently rocked the cradle with the 「명사를 수식하는 형용사 자리」 baby,
> while many family members quietly gathered around, sharing another moment
> of peace and joy.

① asleep [×] ➡ 서술적 용법으로만 쓰이는 형용사는 명사를 수식하는 한정적 용법으로는 쓸 수 없음.

② sleep [×] ➡ 동사 또는 명사는 뒤에 나온 명사를 수식할 수 없음.

③ sleeping [○] ➡ 한정적 용법으로만 쓰이는 형용사는 명사를 수식할 때 쓰임.

④ a sleep [×] ➡ 정관사인 the와 부정관사인 a는 겹쳐 쓸 수 없고 명사는 다른 명사를 수식할 수 없음.

해석

Q1 새로운 사무실을 설립할 때, 사무실 디자인을 보완하고 직원들의 편안함을 높이는 적절한 가구를 신중하게 선택하고, 신뢰할 수 있는 공급업체에 대한 모든 필요한 정보를 수집하여 정보에 입각한 구매 결정을 내리며, 비즈니스의 기술적 요구를 충족시키고 운영 효율성을 향상시키는 최신 장비를 확보하는 것이 중요하다.

Q2 엄마는 잠든 아기를 품에 안고 조용히 흔들었고, 많은 가족 구성원들이 주변에 모여 또 다른 평화롭고 기쁜 순간을 나누고 있었다.

적중 포인트 005 단어의 8품사

시험중요도 ★★★★

 빠르게 문제 푸는 *Solving Strategy*

◎ **주어, 목적어, 보어** 자리에는 동사가 아닌 **명사나 대명사**가 쓰여야 한다.
◎ **동사** 자리에 준동사가 아닌 **수, 시제, 태를 표시한 동사**가 쓰여야 한다.
◎ **보어** 자리에 부사가 아닌 **형용사나 명사**가 쓰여야 한다.
◎ **명사를 수식**할 경우에는 **형용사**를 쓰고 그 외에는 **부사**로 수식한다.

 적중 포인트 *핵심 이론 Summary*

문장 구성요소	8품사
주어(Subject)	명사, 대명사
동사(Verb)	동사
목적어(Object)	명사, 대명사
보어(Complement)	명사, 대명사, 형용사
수식어(Modifier)	형용사, 부사

✓ **문장으로 적용하는** *Solving Strategy*

✐ 주어, 목적어, 보어 자리 → **동사 (x) 명사나 대명사 (o)**

1 ~~Memorize~~(→ Memorizing) words steadily is easy.
            S   M   V2 S.C

✐ 동사 수식 → **형용사 (x) 부사 (o)**

2 Each officer must perform their duties ~~efficient~~(→ efficiently).
   S   V3   O   M

✐ 동사 자리 → **준동사 (x) 수, 시, 태를 표시한 동사 (o)**

3 Young ladies ~~dancing~~(→ danced) all evening with them.
     S   V1   M

해석

1 단어를 꾸준히 외우는 것은 쉽다.
2 각 장교는 그들의 임무를 효율적으로 수행해야 한다.
3 젊은 여자들은 그들과 함께 저녁 내내 춤을 추었다.

적중 포인트 006 가산 명사의 종류와 특징　　시험중요도 ★★

 빠르게 문제 푸는 *Solving Strategy*

◎ 셀 수 있는 명사인 **가산 명사**의 **종류**와 **특징**에 대해서 이해한다.

 적중 포인트 *핵심 이론 Summary*

• **가산 명사의 종류**

보통 명사	같은 종류의 모든 사물에 두루 쓰이는 명사, 일반 개념을 표시하는 명사		
	같은 종류의 것이 모인 전체를 나타내는 명사		
	사람이나 사물의 집합체를 나타내는 명사		
집합 명사	committee형	집단을 하나로 보면 단수 취급	
		집단 안에 있는 개별 구성원들을 의미하면 복수 취급	
	the police형	복수 취급	
		보통 정관사 the와 함께 사용	
		예 police 경찰　jury 배심원단　clergy 성직자들	
	cattle형	복수 취급	
		예 cattle 소, 가축　poultry 가금류　vermin 해충	

• **가산 명사의 특징**

단수 명사	단독 사용이 불가능하기 때문에 관사[a, the]를 포함한 한정사와 함께 쓰인다.
복수 명사	단독으로 사용 가능하며 한정사와 함께 쓰일 수 있다.
	many와 few의 수식을 받을 수 있다.

 문장으로 적용하는 *Solving Strategy*

✎ 단수 명사 → 단독 사용 (x), 복수 명사 → 단독 사용 (o)

1 I was as good **swimmer**(→ **a swimmer**) as he was.

2 **Swimmers** are getting out of the water.

해석

1 나는 그처럼 수영을 잘했다.
2 수영하는 사람들이 물 밖으로 나오고 있다.

적중 포인트 007 불가산 명사의 종류와 특징   시험중요도 ★★★

 빠르게 문제 푸는 *Solving Strategy*

◎ **불가산 명사**는 **부정관사**나 **수사**와 함께 쓰이지 않고 **복수형**을 만들 수 없다.
◎ **불가산 명사**는 단수 취급하고 **단수 동사**와 **수 일치**한다.

 적중 포인트 *핵심 이론 Summary*

● 대표적인 불가산 명사

information 정보	equipment 장비	furniture 가구	evidence 증거
homework 숙제	news 뉴스	advice 충고	money 돈
machinery 기계류	clothing 의류	merchandise 상품	access 접근
luggage 짐[수화물]	baggage 짐[수화물]	compliance 준수	consent 동의

● 불가산 명사의 특징

특징	부정관사 a(an)와 복수를 의미하는 -s를 쓰지 않는다.
	many나 few의 수식을 받을 수 없다.
	little, much, a good deal of, a large amount of, a large quantity of의 수식을 받는다.

● 추상 명사를 포함한 표현

of 추상 명사 = 형용사	~한
have the 추상 명사 to부정사	~하게도 …하다
to one's 감정 명사	~가 …하게도

 문장으로 적용하는 *Solving Strategy*

✎ **불가산 명사** → **부정관사, 수사, 복수형 (x) 단수 동사와 수 일치 (o)**

1 New **equipments(→ equipment) were(→ was)** installed at the third floor of our building.

✎ **추상 명사를 포함한 표현 → 암기**

2 Your suggestion will be **of benefit** to our work.
3 He **had the kindness to carry** my baggage for me.
4 **To my astonishment**, he supported me.

해석

1 새로운 장비는 빌딩 3층에 설치되었다.
2 당신의 제안은 우리의 일에 이로울 것이다.
3 그는 친절하게도 내 짐을 옮겨 주었다.
4 놀랍게도, 그는 나를 지지했다.

적중 포인트 008 주의해야 할 명사의 복수형　시험중요도 ★

 빠르게 문제 푸는 *Solving Strategy*

단수·복수형이 같은 명사, 항상 복수형으로 쓰이는 명사, 불규칙 복수 명사, 상호 복수 명사가 나오면 복수형 형태가 올바르게 쓰였는지 확인한다.

 적중 포인트 *핵심 이론 Summary*

• **주의해야 할 명사의 복수형**

단수·복수형이 같은 명사	sheep 양　deer 사슴　means 수단　species 종　percent 백분율
항상 복수형으로 쓰고 복수 취급하는 명사	glasses 안경 stockings 스타킹 pants 바지 trousers 바지 shorts 반바지

불규칙 복수형					
단수	복수	단수	복수	단수	복수
tooth	teeth	ox	oxen	stimulus	stimuli
man	men	foot	feet	datum	data
child	children	phenomenon	phenomena	fungus	fungi

• **상호 복수 명사**

change trains[cars, buses]	기차[자동차, 버스]를 갈아타다
take turns ~ing	교대로 ~ 하다
shake hands with	~와 악수하다
make friends with	~와 친해지다
exchange seats(places) with	~와 자리를 바꾸다
change hands	주인이 바뀌다
have words with	~와 언쟁하다
be on good terms with	~와 좋은 관계로 지내다
be on bad terms with	~와 나쁜 관계로 지내다
come to terms with	~와 타협하다

 문장으로 적용하는 *Solving Strategy*

✎ 상호 복수 명사 **단수형 (x) → 복수형 (o)**

1 They shook ~~hand~~(→ **hands**) after reaching a business agreement

2 They took ~~turn~~(→ **turns**) presenting their ideas on education reform.

해석

1 그들은 비즈니스 합의에 도달한 후 악수했다.
2 그들은 교대로 교육 개혁에 대한 아이디어를 발표했다.

적중 포인트 009 관사의 종류와 생략 　　시험중요도 ★

 빠르게 문제 푸는 *Solving Strategy*

◎ 관사의 **종류**와 **의미**를 구분한다.
◎ 관사를 **쓰는 경우**와 **쓰지 않는 경우**를 구분한다.

 적중 포인트 *핵심 이론 Summary*

• 관사의 종류와 의미

부정관사(a, an)	하나, 어떤, 같은(the same), 마다(per), 약간, 전체 지칭
정관사(the)	앞에 언급된 명사의 반복, 맥락에서 분명한 사람이나 사물, 시간·수량·화폐 단위, 유일무이한 명사, 최상급과 서수, 악기, 신체 일부

• 관사의 생략

신분이나 관직 등을 나타내는 명사가 보어로 사용될 때	ⓐ They elected her governor. 그들은 그녀를 주지사로 선출했다.
시설의 본래의 목적을 의미하는 경우	go to school, go to bed, go to church
교통, 통신 수단	by bus, by train, by taxi, by subway, by plane, by telephone, on foot
as 양보 구문	ⓐ Child as she was, she finished it. 그녀는 어린아이였지만, 그것을 끝냈다.
식사, 운동 등	ⓐ have lunch, play soccer

 문장으로 적용하는 *Solving Strategy*

✐ 정관사 the를 쓰는 구문 → **신체 일부 (o)**

① I grabbed him **by the arm**.

② He paused and looked me **in the eye**.

> 해석 ⟨

① 나는 그의 팔을 잡았다.
② 그는 잠깐 말을 멈추고 내 눈을 쳐다 보았다.

적중 포인트 010 격에 따른 인칭대명사

시험중요도 ★★

 빠르게 문제 푸는 *Solving Strategy*

◎ **인칭대명사**는 앞에 나온 명사와 **성**과 **수 일치**를 확인하고 **격**에 따라 **올바른 형태**를 확인한다.
◎ **it**의 **다양한 쓰임**을 알아두자.

 적중 포인트 *핵심 이론 Summary*

• 인칭대명사

주격 (주어 자리)	소유격 (형용사 자리)	목적격 (목적어 자리)	소유대명사 (명사 자리)
I	my	me	mine
you	your	you	yours
he	his	him	his
she	her	her	hers
it	its	it	—
we	our	us	ours
they	their	them	theirs

• it의 다양한 쓰임

비인칭 주어	어떤 대상을 지칭하는 것이 아니라 문장의 구성을 위해 쓰이는 대명사로 특히 날씨, 계절, 시간, 요일, 거리, 명암, 막연한 상황에 쓰인다.
가주어	주어가 to부정사, 동명사, 명사절로 길어질 때는 긴 주어를 뒤로 보내고 가주어 it을 주어 자리에 쓴다.
가목적어	'make, believe, consider, find, think' 등의 5형식 타동사 뒤에는 'it'이라는 가목적어를 쓰고 진목적어를 대신한다.

 문장으로 적용하는 *Solving Strategy*

✎ **인칭대명사 → 앞에 나온 명사와 성과 수 일치 확인, 격에 따라 올바른 형태 사용**

① The Earth will not be able to satisfy the food needs of all **their**(→ **its**) inhabitants.

② Just **between you** and **I**(→ **me**), Tom doesn't like sharing a room with me.

해석
① 지구는 모든 주민들의 식량 수요를 충족시킬 수 없을 것이다.
② 우리끼리 하는 얘긴데, Tom은 나랑 방을 같이 쓰는 것을 좋아하지 않아.

적중 포인트 011 재귀대명사의 2가지 용법 　　시험중요도 ★

 빠르게 문제 푸는 *Solving Strategy*

◉ 문장의 **주어**를 목적어에 **다시 언급**해야 할 때는 **재귀대명사**가 쓰였는지 확인한다.
◉ **재귀대명사**는 문장의 **주어, 목적어, 보어**를 **강조**할 수 있다.

 적중 포인트 *핵심 이론 Summary*

• 재귀대명사 용법

재귀 용법	문장의 주어를 목적어에 다시 언급해야 할 때는 '~self'나 '~selves' 형태로 쓰이는 재귀대명사가 쓰였는지 확인한다.	
강조 용법	문장의 주어, 목적어, 보어 바로 다음이나 문장 끝에 재귀대명사를 써서 강조할 수 있다.	
관용 표현	for oneself 혼자 힘으로, 자기를 위하여	between ourselves 우리끼리 이야기지만
	beside oneself (격정·흥분으로) 이성을 잃고	
	in spite of oneself 자기도 모르게	by oneself 혼자, 다른 사람 없이

 문장으로 적용하는 *Solving Strategy*

✎ 문장의 주어를 목적어에 다시 언급 → **재귀대명사 (o)**

1 We shouldn't blame ~~us~~(→ **ourselves**) for what happened.

2 Can you make **yourself** understood in English?

✎ 주어, 목적어, 보어 강조 → **재귀대명사 (o)**

3 You **yourself** should take responsibility for your actions.

✎ 재귀대명사의 **관용 표현**

4 I was smiling **in spite of** ~~me~~(→ **myself**).

해석

1 우리가 일어난 일에 대해 우리 자신을 비난해서는 안 된다.
2 당신은 영어로 의사소통을 할 수 있나요?
3 당신 자신이 자신의 행동에 책임을 져야 한다.
4 나는 나도 모르게 웃고 있었다.

적중 포인트 012 지시대명사 this와 that

시험중요도 ★★★★

 빠르게 문제 푸는 *Solving Strategy*

🎯 that과 those는 앞에 나온 **명사**와 **수 일치**가 중요하다.

 적중 포인트 *핵심 이론 Summary*

• 지시대명사의 종류와 특징

this[these]	가까이 있는 명사를 지칭할 때, 단수 − this, 복수 − these
that[those]	멀리 있는 명사를 지칭할 때, 단수 − that, 복수 − those
	비교 표현 뒤에서 앞에 나온 명사를 받는 대명사로 주로 후치 형용사구의 수식을 받을 때 쓸 수 있다.

this(후자, the latter) ⓥ⑤ that(전자, the former)

예 Work and play are both good for the health ; <u>this</u> gives us rest, and <u>that</u> gives us energy.
일하는 것과 노는 것은 둘 다 건강에 좋다 ; <u>후자[노는 것]</u>는 우리에게 휴식을 주며, <u>전자[일하는 것]</u>는 우리에게 활력을 준다.

 문장으로 적용하는 *Solving Strategy*

✎ that과 those → 앞에 나온 명사와 수 일치 확인

1 The traffic of a big city is **busier than ~~those~~(→ that)** of a small city.

2 This year's **fashions are** quite **different from ~~that~~(→ those)** of last year.

해석

1 큰 도시의 교통은 작은 도시의 교통보다 더 바쁘다.
2 올해의 유행은 작년의 것과는 상당히 다르다.

적중 포인트 013 부정대명사의 활용

시험중요도 ★

✔ 빠르게 문제 푸는 *Solving Strategy*

◉ one, another, the other, others, the others, each other, one another, some, any, all 등 부정대
  명사가 **올바르게** 사용되었는지 확인한다.
◉ **부정대명사**를 활용한 **관용 표현**은 뜻을 반드시 **암기**한다.

✔ 적중 포인트 *핵심 이론 Summary*

• 부정대명사의 활용

둘 중	하나 one, 나머지 하나 the other
셋 중	하나 one, 다른 하나 another, 마지막 하나 the other[the third]
정해진 것들을 둘로 나눌 때	some 일부, the others 나머지 모두
두 개 이상의 것과 두 개 이상의 나머지를 가리킬 때	some 일부, others 다른 일부
(둘 사이에) 서로	each other
(셋 사이에) 서로	one another
관용 표현	「A is one thing, and B is another」 A와 B는 별개의 것이다

✔ 문장으로 적용하는 *Solving Strategy*

✎ 부정대명사 → 올바른 사용 확인

1 I have **two** balls; **one** is white, and **the other** is red.
2 **Some** combinations of colors naturally go well together while **others** can feel discordant.
3 They exchanged New Year's greetings with **each other**.

✎ 부정대명사를 활용한 관용 표현 → 암기

4 To say is **one thing**, and to do is **another**.

해석

1 나는 두 개의 공을 가지고 있다. 하나는 흰색이고, 나머지 하나는 빨간색이다.
2 어떤 색의 조합은 자연스럽게 잘 어울리는 반면 다른 어떤 조합은 조화되지 않음을 느낄 수 있다.
3 그들은 서로 새해 인사를 교환했다.
4 말하는 것과 행동하는 것은 별개의 것이다.

적중 포인트 014 ┃ 형용사와 부사의 차이   시험중요도 ★★★★★

 빠르게 문제 푸는 *Solving Strategy*

⚜ 형용사는 **명사**를 수식하거나 **주격 보어** 또는 **목적격 보어 자리**에 쓰였는지 확인한다.
⚜ **부사**는 **명사 빼고 모두 수식**할 때 쓸 수 있다.

 적중 포인트 *핵심 이론 Summary*

• 형용사의 역할

명사 수식	전치 수식	예 useful(형용사) information(명사)
[한정적 용법]	후치 수식	예 information(명사) available(형용사) in English
보어 역할	주격 보어	예 She is happy.
[서술적 용법]	목적격 보어	예 I made her happy.

• 부사의 역할

동사 수식	예 live happily
형용사 수식	예 extremely busy
다른 부사 수식	예 very carefully
문장 전체 수식	예 Perhaps that's true.

 문장으로 적용하는 *Solving Strategy*

✎ 명사 수식, 보어 자리 → 부사 (x) 형용사 (o)

1 It's a **normally**(→ **normal**) part of the learning process.

2 This movie is not **appropriately**(→ **appropriate**) for children.

✎ 형용사, 부사, 동사, 문장 전체 수식 → 형용사 (x) 부사 (o)

3 My son became **financially** independent.

해석

1 그것은 자연스러운 학습의 과정이다.
2 이 영화는 어린이들이 보기에 적합하지 않다.
3 내 아들은 경제적으로 독립하게 되었다.

적중 포인트 015 주의해야 할 형용사　　시험중요도 ★★★

✓ 빠르게 문제 푸는 *Solving Strategy*

◉ 서술적 용법으로만 쓰이는 형용사는 **명사 앞에서 쓸 수 없다.**
◉ **막연한 수**와 **구체적인 수**는 표현 방법이 **다르므로** 주의한다.
◉ **수사** 뒤에 **단수형 단위 명사**가 쓰일 때를 주의하고 **혼동하기 쉬운 형용사**는 **의미**에 주의한다.

✓ 적중 포인트 *핵심 이론 Summary*

• 서술적 용법으로만 쓰이는 형용사

asleep	잠이 든, 자는	afraid	두려워[무서워]하는, 겁내는
alike	비슷한, 닮은	alone	외로운
alive	살아 있는	ashamed	창피한, 수치스러운

• 막연한 수와 구체적인 수 표현

막연한 수 (복수형)	dozens of, scores of	수십의	hundreds of	수백의
	thousands of	수천의	tens of thousands of	수만의
	millions of	수백만의	billions of	수십억의
구체적인 수 (단수형)	숫자 + 수 단위 명사의 단수형			

　🗹 hundreds of students 수백 명의 학생들, seven hundred students 700명의 학생들

• 수사와 단위 명사

> 단위를 나타내는 명사가 수사(two, three, four 등)와 함께 또 다른 명사를 수식하는 형용사 역할을 할 때는 hyphen(-)을 사용하고 항상 단수형을 쓴다. 반면, 명사를 수식하지 않을 때는 복수형으로 쓴다.
> 예 a five-year-old boy 다섯 살인 소년
> 예 a five-story building 5층 짜리 건물

• 혼동하기 쉬운 형용사

successful 성공적인	successive 연속적인	considerate 사려깊은	considerable 상당한
ingenuous 순진한	ingenious 독창적인	credible 믿을 수 있는	credulous 잘 믿는
industrial 산업의	industrious 근면한	sensible 분별 있는	sensitive 민감한
confident 자신 있는	confidential 은밀한	literal 글자 그대로의	literate 학식 있는
literary 문학의	economic 경제의	economical 경제적인	respectable 존경할 만한
respectful 공손한	respective 각각의	valuable 귀중한	invaluable 매우 귀중한
desirable 바람직한	desirous 원하는	momentary 순간적인	momentous 중대한
reliable 믿을 수 있는	reliant 의지하는	informative 유용한	informed 잘[많이] 아는

✓ 문장으로 적용하는 *Solving Strategy*

✎ asleep, alike, afraid, alive → 명사 앞 (x) 보어 자리 (o)

1. Her voice awoke ~~the asleep~~(→ sleeping) child.

2. He's very ~~alike~~(→ like) his father.

3. The ~~afraid~~(→ frightened) child grabbed his mother by the arm.

4. As you know, sleep is essential to all ~~alive~~(→ living) animals.

✎ 구체적인 수 → 단수형 수 단위 명사 vs 막연한 수 → 복수형 수 단위 명사

5. Her work has given pleasure to ~~million~~(→ millions of) readers.

6. Fifty ~~thousands~~(→ thousand) people saw the match.

✎ 「수사(two, three, four 등) + hyphen(-) + 단수형 단위 명사 + 명사」 구조

7. The hero of the novel is a ~~ten-years~~(→ ten-year) old boy.

8. She lives in that ~~two-stories~~(→ two-story) building whose roof is red.

✎ 혼동하기 쉬운 형용사 → 의미 확인

9. It is ~~considerable~~(→ considerate) of you not to disturb us.

해석

1. 그녀의 목소리에 자고 있던 아이가 잠이 깼다.
2. 그는 자기 아버지와 아주 비슷하다.
3. 겁을 먹은 아이가 엄마의 팔을 꼭 붙잡았다.
4. 알다시피, 잠은 모든 생명체에게 아주 필수적이다.
5. 그녀의 작품은 수백만 명의 독자들에게 기쁨을 주어 왔다.
6. 5만 명의 사람들이 그 경기를 보았다.
7. 그 소설의 남자 주인공은 열 살짜리 남자아이이다.
8. 그녀는 저 빨간 지붕의 2층 집에 산다.
9. 우리에게 방해가 되지 않도록 해주다니 참 사려 깊다.

▶ 적중 포인트 016　수량 형용사와 명사의 수 일치　　시험중요도 ★★★

✓ 빠르게 문제 푸는 *Solving Strategy*

❀ 수와 양을 나타내는 **수량 형용사**는 명사에 따라 다르게 쓰이기 때문에 수량 형용사와 명사의 **수 일치**에 주의한다.

✓ 적중 포인트 *핵심 이론 Summary*

• 수량 형용사와 명사의 수 일치

단수 가산 명사	another, every, each, many a, a single
복수 가산 명사	both, several, numerous, many, few, a number of, the number of
불가산 명사	little, much, a good deal of, a large amount of, a large quantity of

✓ 문장으로 적용하는 *Solving Strategy*

✎ 수량 형용사가 나오면 뒤에 나오는 명사와 수 일치 확인

1 **Another men**(→ **man**) has achieved the great work that nobody has done before.

2 **Several boat**(→ **boats**) lay at anchor in the harbour.

3 New drivers have twice as **much**(→ **many) accidents** as experienced drivers.

4 These days, many people are tired of too **many**(→ **much)** information.

5 The rain did ~~a number of~~(→ **a good deal of**) damage to the crops.

> 해석

1 또 다른 남자는 이전에 아무도 하지 못했던 그 위대한 일을 이루어냈다.
2 몇 척의 보트가 그 항구에 정박해 있었다.
3 초보 운전자들이 경험 있는 운전자들보다 두 배 많은 사고를 낸다.
4 오늘날 많은 사람들이 과도하게 많은 정보에 싫증을 낸다.
5 그 비는 농작물에 큰 피해를 입혔다.

적중 포인트 017 │ 어순에 주의해야 할 형용사와 부사 　시험중요도 ★★★

✔ 빠르게 문제 푸는 *Solving Strategy*

🎯 어순에 주의해야 할 형용사나 부사가 나오면 각각의 어순을 확인해야 한다.

✔ 적중 포인트 *핵심 이론 Summary*

• 어순에 주의해야 할 형용사와 부사

후치 수식	형용사가 −thing, −one, −body 등을 수식할 때는 후치 수식한다.
	부사 enough는 형용사나 부사를 후치 수식한다.

such[what / quite / rather] + a + 형용사 + 명사
so[as / too / how / however] + 형용사 + a + 명사

이어동사에서 부사의 위치 → 「타동사 + 대명사 + 부사」 순서로 쓴다.

✔ 문장으로 적용하는 *Solving Strategy*

✎ 어순에 주의해야 할 형용사와 부사

1 This house isn't ~~enough big~~(→ big enough) for us.

2 You have to study ~~useful something~~(→ something useful) like business.

3 I can't ~~put off it~~(→ put it off) any longer.

4 When you don't use your computer, ~~turn off it~~(→ turn it off).

5 You can't master English in ~~such short a time~~(→ such a short time).

6 It was ~~such~~(→ so) warm a day that I could hardly work.

해석

1 이 집은 우리에게 충분히 크지 않다.
2 당신은 경영학 같은 유용한 것을 공부해야 한다.
3 나는 그것을 더 이상 미룰 수 없다.
4 컴퓨터를 사용하지 않을 때에는 전원을 꺼주세요.
5 당신은 그렇게 단기간만으로는 영어를 익힐 수 없다.
6 날씨가 매우 좋아서 나는 거의 일을 할 수 없었다.

적중 포인트 018 혼동하기 쉬운 부사 시험중요도 ★★

 빠르게 문제 푸는 Solving Strategy

◎ 혼동하기 쉬운 부사가 나오면 **형태**와 그에 따른 **의미**를 확인해야 한다.
◎ **부정부사**와 **전체를 의미**하는 표현이 쓰일 경우 **부분 부정**을 의미하므로 해석에 주의한다.

 적중 포인트 핵심 이론 Summary

● 혼동하기 쉬운 부사

hardly	(부) 거의 ~아니다	nearly	(부) 거의
hard	(형) 단단한, 어려운, 힘든, 열심히 하는 (부) 열심히, 힘들게	near	(형) 가까운
		closely	(부) 가까이, 면밀히
highly	(부) 대단히, 매우, (수준·양 등이) 높이[많이]	close	(형) 가까운, 친밀한
high	(형) 높은 (부) 높이, 높게	almost	(부) 거의
lately	(부) 최근에	most	(형) 대부분의 (부) 가장
late	(형) 늦은, 전(前), 고(故) (부) 늦게	mostly	(부) 주로, 일반적으로

※ every + 기수(숫자) + 복수 명사 / every + 서수(순서) + 단수 명사 ~마다
◎ every two days = every second day = every other day 이틀에 한 번

● 부분 부정과 전체 부정

부분 부정	전체 부정
not all 모두가 ~한 것은 아니다	not ~ any = none 모두 ~이 아니다
not both 둘 다 ~한 것은 아니다	neither 둘 다 ~이 아니다 not ~ either 둘 다 ~이 아니다
not every 모두 다 ~하는 것은 아니다	never 결코 ~이 아니다
not always 항상 ~하는 것은 아니다	not at all 결코 ~이 아니다
not necessarily 반드시 꼭 ~한 것은 아니다	not in the least 결코 ~이 아니다

✔ 문장으로 적용하는 *Solving Strategy*

✎ 혼동하기 쉬운 부사 → 형태와 의미 확인

1 You will have to work ~~hardly~~(→ hard) if you are to succeed.

2 We ~~hard~~(→ hardly) know each other.

3 This gas is ~~high~~(→ highly) poisonous.

4 I had a puncture on the way and arrived ~~lately~~(→ late).

5 ~~Near~~(→ Nearly) 1000 students attended the class.

✎ 부분 부정과 전체 부정 → 의미 확인

6 Confrontation is **not always** the best tactic.

7 Wealth is **not necessarily** synonymous with happiness.

8 **None** of us can foretell what lies ahead.

9 **Not every** one can succeed.

해석

1 당신은 성공하려면 열심히 일해야 할 것이다.
2 우리는 서로 거의 잘 모른다.
3 이 가스는 대단히 독성이 강하다.
4 나는 도중에 펑크가 나서 늦게 도착했다.
5 거의 천 명의 학생들이 수업에 참석했다.
6 대결이 항상 가장 좋은 전략은 아니다.
7 부가 행복과 반드시 아주 밀접한 것은 아니다.
8 앞날에 어떤 일이 기다리고 있는지는 우리들 중 아무도 모른다.
9 모든 사람이 다 성공할 수 있는 것은 아니다.

✓ 적중 포인트 *Level-up Exercise 01*

※ 다음 밑줄 친 부분이 옳으면 O, 옳지 않으면 X하고 올바르게 고치세요.

01 Educational <u>expert</u> need to focus on new school policies. ☐O☐X

02 The doctor's <u>advices</u> to exercise regularly has improved my overall health. ☐O☐X

03 They encountered <u>much</u> challenges during their journey. ☐O☐X

04 She couldn't decide between one dress and <u>the other</u>, as they both looked equally stunning on her. ☐O☐X

✓ 적중 포인트 *Level-up Exercise 02*

※ 밑줄 친 부분에 들어갈 말로 적절한 것을 고르시오.

05 Learning a second language can be _____ in today's globalized world.
① greatly benefit
② of great benefit
③ of beneficial
④ beneficially

06 The tourists arrived at their destination _____, eager to start their sightseeing.
① trains
② by train
③ by the train
④ by a train

07 After the storm, _____ homes were left without power.
① thousand of
② thousands of
③ thousands
④ thousand

08 She studied _____ pass the exam with flying colors.
① hard enough to
② enough hard to
③ enough hard
④ hard enough

적중 포인트 Level-up Exercise 01 & 02 정답

01 X experts	02 X advice	03 X many	04 O
05 ②	06 ②	07 ②	08 ①

MEMO

03 동사의 유형

✓ 적중 포인트 CHECK-UP

적중 포인트 019	주어만 있으면 완전한 1형식 자동사 ★★★
적중 포인트 020	주격 보어가 필요한 2형식 자동사 ★★★
적중 포인트 021	전치사가 필요 없는 대표 3형식 타동사 ★★★★
적중 포인트 022	4형식으로 착각하기 쉬운 3형식 타동사 ★★★★
적중 포인트 023	목적어 뒤에 특정 전치사를 수반하는 3형식 타동사 ★★★
적중 포인트 024	목적어를 두 개 취하는 4형식 수여동사 ★
적중 포인트 025	to부정사를 목적격 보어로 취하는 대표 5형식 타동사 ★★★★
적중 포인트 026	5형식 사역동사의 목적격 보어 ★★★★★
적중 포인트 027	5형식 지각동사의 목적격 보어 ★★★★★
적중 포인트 028	분사를 목적격 보어로 취하는 5형식 동사 ★★★
적중 포인트 029	명사나 형용사를 목적격 보어로 취하는 5형식 동사 ★★★
적중 포인트 030	'말하다' 동사의 구분 ★★
적중 포인트 031	혼동하기 쉬운 자동사와 타동사 ★★★★★
적중 포인트 032	의미와 구조에 주의해야 할 타동사 ★★

✓ 신경향 출제 예상 문제 Preview

Q1 다음 밑줄 친 부분 중 어법상 옳지 않은 것은?

When the new project manager ① arrived, she presented a innovative plan that immediately captured everyone's attention. It sounded very ② interesting because her approach was designed to ③ deal with the various logistical issues that have been affecting ④ on our delivery times.

Q2 다음 밑줄 친 부분에 들어갈 말로 가장 적절한 것은?

The teacher made the students _____ a detailed report on the historical event, ensuring that they researched thoroughly and organized their information logically.

① written   ② write   ③ to write   ④ wrote

✔ 신경향 출제 예상 문제 *Pen Checking*

Q1 다음 밑줄 친 부분 중 어법상 옳지 않은 것은?

> When the new project manager ① <u>arrived</u>, she presented a innovative plan that immediately captured everyone's attention. It sounded very ② <u>interesting</u> because her approach was designed to ③ <u>deal with</u> the various logistical issues that have been affecting ④ <u>on our delivery times</u> [on 삭제 ➡ 3형식 타동사는 목적어를 바로 취할 수 있으므로 전치사 필요 없음.].

Q2 다음 밑줄 친 부분에 들어갈 말로 가장 적절한 것은?

> The teacher made the students [5형식 사역동사 make의 목적격 보어 자리] a detailed report on the historical event, ensuring that they researched thoroughly and organized their information logically.

① written [×]

➡ 목적격 보어 자리에 과거분사가 쓰이는 경우는 목적어와 목적격 보어의 관계가 수동인 경우에 가능하며 수동의 의미를 나타내는 과거분사의 경우 목적어를 취할 수 없음.

② write [○]

➡ 사역동사는 목적어와 목적격 보어 관계가 능동일 경우 목적격 보어 자리에 원형부정사를 씀.

③ to write [×]

➡ 사역동사의 목적격 보어로 to부정사는 쓸 수 없음.

④ wrote [×]

➡ 문장에 이미 동사가 있는 경우에는 동사가 아닌 적절한 준동사로 써야 함.

해석

Q1 새로운 프로젝트 매니저가 도착했을 때, 그녀는 모든 사람의 관심을 즉시 사로잡는 혁신적인 계획을 제시했다. 그녀의 접근 방식은 우리의 배송 시간을 저해하는 여러 물류 문제를 해결하도록 설계되었기 때문에 매우 흥미롭게 들렸다.

Q2 선생님은 학생들에게 역사적 사건에 대한 상세한 보고서를 작성하게 하여 학생들이 철저하게 조사하고 논리적으로 정보를 정리하도록 했다.

적중 포인트 019 주어만 있으면 완전한 1형식 자동사   시험중요도 ★★★

 빠르게 문제 푸는 *Solving Strategy*

◉ 1형식 자동사는 명사 목적어를 취할 수 없으므로 **명사 목적어**가 **없는지** 확인한다.
◉ 1형식 자동사는 짝꿍 전치사를 수반하여 잘 쓰이므로 **전치사에 주의**한다.
◉ 1형식 자동사는 수동태 구조인 「be p.p.」로 **쓸 수 없다**.

 적중 포인트 *핵심 이론 Summary*

• 대표 1형식 자동사

자연현상	walk 걷다 work 일하다 cry 울다	run 달리다 sleep 자다 laugh 웃다	dance 춤추다 swim 수영하다 fly 날다	travel 여행하다 snow 눈이 오다 rain 비가 오다
일어나다(발생하다)	occur, happen, arise, take place, break out			
나타나다 ↔ 사라지다	emerge, appear 나타나다		disappear 사라지다	
존재하다, 살다 ↔ 죽다	exist 존재하다	live, dwell, reside 살다		die 죽다
상승하다 ↔ 떨어지다	rise 일어나다, 떠오르다, 상승하다		fall 떨어지다 주의 fall − fell − fallen	
왕래발착	come 오다	go 가다	depart 출발하다	arrive 도착하다
기타	suffice 충분하다 pay 이익이 되다	matter, count 중요하다 do(will을 수반) 충분하다	last 지속되다 recede 멀어지다	

•1형식 자동사와 짝꿍 전치사

apologize for ~에 대해 사과하다		apologize to ~에게 사과하다
apply for 지원하다		apply to 적용하다
object to ~에 반대하다		belong to ~에 속하다
succeed in ~에서 성공하다		succeed to ~을 계승하다, 잇다
result from (~의 결과로) 발생하다, 생기다		result in ~을 야기하다
refrain from ~을 삼가다		abstain from ~을 삼가다[그만두다]
participate in ~에 참가하다		proceed to ~로 나아가다
consist in ~에 있다	consist of ~으로 구성되다	consist with ~와 일치하다
agree to ~에 대해 합의하다	agree with ~에 동의하다	agree on ~에 합의하다
cope with, deal with ~을 다루다, 처리하다	do without, go without, dispense with ~없이 지내다	
depend on, rely on, count on, hinge on, fall back on, turn to, look to, resort to ~에 의지하다		
conform to, stick to, cling to, adhere to, abide by, comply with ~에 순응하다, 따르다		

• 1형식 구조로 쓰일 경우 수동 의미를 가지는 1형식 자동사

| read (~하게) 읽히다 | clean 청소되다, 닦이다 |
| sell 팔리다 | photograph 사진에 (~하게) 나오다 |

✓ 문장으로 적용하는 *Solving Strategy*

✎ 1형식 자동사 + 명사 (x) → 전치사 + 명사 (o)
1 He wants to go ~~the documents~~(→ through the documents).

✎ 특정 1형식 자동사 뒤에 짝꿍 전치사인지 확인
2 Water consists from(→ of) hydrogen and oxygen.

3 He will graduate for(→ from) college in three years.

✎ 1형식 자동사 → 수동태 (x) 능동태 (o)
4 She ~~was worked~~(→ worked) at a hospital.

5 The meeting will ~~be taken place~~(→ take place) next week.

✎ 수동 의미를 가지는 1형식 자동사 → 부사와 잘 쓰임
6 Generally, the article reads very well.

7 This surface cleans easily.

8 She always photographs badly.

해석
1 그는 서류를 검토하기를 원한다.
2 물은 수소와 산소로 이루어져 있다.
3 그는 3년 후에 대학을 졸업할 것이다.
4 그녀는 병원에서 일했다.
5 회의는 다음 주에 열릴 것이다.
6 대체로 그 글은 아주 잘 읽힌다.
7 이 표면은 쉽게 닦인다.
8 그녀는 항상 사진이 잘 안 나온다.

적중 포인트 020 주격 보어가 필요한 2형식 자동사 　시험중요도 ★★★

 빠르게 문제 푸는 *Solving Strategy*

◉ 감각 동사를 포함한 **2형식 자동사**의 **주격 보어**로 부사는 절대 안 된다.
◉ **2형식 자동사**는 수동태 구조인 「be p.p」로 쓸 수 없다.

 적중 포인트 *핵심 이론 Summary*

• 대표적인 2형식 자동사와 주격 보어

	2형식 자동사		주격 보어
상태 유지 동사	be		형용사, 명사, to부정사
	keep, remain, stay, stand, hold		형용사
상태 변화 동사	go, get, grow, run, turn, fall, come, become		형용사
추측 동사	seem, appear		형용사, 명사, to부정사
판명 동사	prove, turn out		형용사, 명사, to부정사
감각 동사	look, sound, feel, taste, smell		형용사, like 명사

 문장으로 적용하는 *Solving Strategy*

✐ 2형식 자동사의 주격 보어 → **부사 (x) 형용사 (o)**

1 She swims every day so that she can stay ~~healthily~~(→ healthy).

2 Your baby looks lovely and ~~happily~~(→ happy).

3 When squrrels feel danger, they stand **still**.

4 The contract **holds good** for couple of more years.

✐ 2형식 자동사 → **수동태 (x) 능동태 (o)**

5 The traffic lights ~~were turned~~(→ turned) green and I pulled away.

해석

1 그녀는 건강을 유지하기 위해 매일 수영한다.
2 당신의 아기는 사랑스럽고 행복해 보인다.
3 다람쥐가 위험을 느낄 때, 그들은 움직이지 않는다.
4 그 계약은 몇 년 더 유효하다.
5 교통 신호등이 파란색으로 바뀌어 나는 출발했다.

적중 포인트 021 전치사가 필요 없는 대표 3형식 타동사 시험중요도 ★★★★

 빠르게 문제 푸는 *Solving Strategy*

◉ 대표 **3형식 타동사**는 전치사 없이 바로 **목적어**를 취할 수 있으므로 **전치사에 주의**한다.

 적중 포인트 *핵심 이론 Summary*

• 대표 3형식 타동사

marry	결혼하다	discuss	논의하다	resemble	닮다	contact	접촉하다
obey	복종하다	reach	도달하다	approach	접근하다	accompany	동행하다
affect	영향을 미치다	oppose	반대하다	answer	답하다	attend	참석하다
address	연설하다	enter	들어가다	await	기다리다	inhabit	거주하다
join	가입하다	comprise	구성되다	greet	인사하다	influence	영향을 미치다

✔ **문장으로 적용하는** *Solving Strategy*

✎ 대표 3형식 타동사 → **전치사(x) 목적어 (o)**

1 She married ~~to~~ her husband last year.

2 You must obey ~~to~~ your parents.

3 I can accompany ~~with~~ you on your walk.

4 She reached ~~to~~ the mountain summit.

해석

1 그녀는 작년에 남편과 결혼했다.
2 당신은 부모님 말씀에 순종해야 한다.
3 나는 당신의 산책에 동행할 수 있다.
4 그녀는 산 정상에 올랐다.

적중 포인트 022 4형식으로 착각하기 쉬운 3형식 타동사 　시험중요도 ★★★★

 빠르게 문제 푸는 *Solving Strategy*

◉ **4형식으로 착각하기 쉬운 3형식 타동사**는 4형식 구조인 **[간접목적어(주로 사람)＋직접목적어(주로 사물)]**를 취할 수 없다.

◉ **4형식으로 착각하기 쉬운 3형식 타동사**는 간접목적어에 해당하는 내용은 **전치사 to**와 함께 쓰이고 3형식 타동사의 목적어는 **1개**임을 확인한다.

 적중 포인트 *핵심 이론 Summary*

• 4형식으로 착각하기 쉬운 3형식 타동사

explain, say, suggest, mention, introduce, announce + (to 사람) 목적어 1개	○
explain, say, suggest, mention, introduce, announce + 간접목적어 + 직접목적어	×

✓ **문장으로 적용하는** *Solving Strategy*

✎ 4형식으로 착각하기 쉬운 3형식 타동사 **4형식 구조 (x)** → **(to 사람)** 목적어 1개

[1] I will explain ~~you~~(→ **to you**) where to go.

[2] They suggested ~~him~~(→ **to him**) that he should adopt a different policy.

[3] He mentioned ~~us~~(→ **to us**) that he would go fishing.

해석

[1] 내가 당신에게 어디로 가야 하는지 설명해 줄 것이다.

[2] 그들은 그에게 다른 정책을 채택할 것을 제안했다.

[3] 그는 우리에게 낚시하러 갈 것이라고 말했다.

적중 포인트 023 | 목적어 뒤에 특정 전치사를 수반하는 3형식 타동사 · 시험중요도 ★★★

✔ 빠르게 문제 푸는 *Solving Strategy*

◎ 목적어 뒤에 특정 「전치사 + 명사」를 수반하는 3형식 타동사는 정해진 전치사를 확인한다.
◎ 단, 「전치사 + 명사」 표현은 꼭 나와야 하는 것은 아니고 생략될 수 있다.

✔ 적중 포인트 *핵심 이론 Summary*

• 목적어 뒤에 특정 전명구를 수반하는 3형식 타동사

3형식 타동사		목적어	특정 전치사
금지 · 방해	keep, stop, prevent, prohibit, inhibit, deter, dissuade, discourage 막다, 방해하다	A	from -ing
제거 · 박탈	rob 강탈하다 rid 제거하다 deprive 빼앗다 strip 벗기다		of B
탓	attribute, owe, ascribe, impute 탓[덕분]으로 하다[보다, 돌리다]		to B
비난	blame 비난하다		for B
	accuse 비난하다, 기소하다, 고발하다		of B
	charge 비난하다, 기소하다, 고발하다		with B
통고 · 확신	inform 알리다 notify 알리다 remind 상기시키다		of B
	convince 확신시키다 assure 확신시키다		that절
공급	provide, supply 공급하다, 제공하다	A	with B
		B	to A
부과	impose ~을 부과하다	A	on B

✔ 문장으로 적용하는 *Solving Strategy*

✎ 특정 3형식 타동사 + 목적어 + 특정 전치사 확인

1 It was designed to **deter** kids ~~to watch~~(→ **from watching**) TV too much.

2 We **attribute** Edison's success **for**(→ **to**) intelligence and hard work.

3 The paper **charged** her **to**(→ **with**) using the company's money for her own purpose.

해석

1 그것은 아이들이 TV를 너무 많이 보지 못하도록 고안되었다.
2 우리는 Edison의 성공을 지성과 근면 덕분으로 본다.
3 그 신문은 그녀를 자신의 목적을 위해 회사의 돈을 사용한 행위로 고발했다.

적중 포인트 024 목적어를 두 개 취하는 4형식 수여동사 시험중요도 ★

✓ 빠르게 문제 푸는 Solving Strategy

🎯 **4형식 수여동사**는 「**간접목적어(주로 사람)+직접목적어(주로 사물)**」 구조를 취한다.
🎯 **4형식 수여동사**는 간접목적어 없이 직접목적어만 오는 **3형식 구조**로 쓰일 수 있다.

✓ 적중 포인트 핵심 이론 Summary

• 4형식 수여동사

give, send, lend, tell, show, teach, offer, bring + 간접목적어 + 직접목적어	4형식
➜ give, send, lend, tell, show, teach, offer, bring + 직접목적어 (to 간접목적어)	3형식
make, buy + 간접목적어 + 직접목적어	4형식
➜ make, buy + 직접목적어 (for 간접목적어)	3형식
ask + 간접목적어 + 직접목적어	4형식
➜ ask + 직접목적어 (of 간접목적어)	3형식

✓ 문장으로 적용하는 Solving Strategy

✎ 4형식 수여동사 「간접목적어 + 직접목적어」 또는 3형식 구조 가능

1 Modern technology has given **us the ability** to predict it.

2 He gave **a book** to each of us.

3 We offered **him a better position**.

4 The service will offer **many programs** to children.

5 I will make **you a new suit**.

6 She made **coffee** for us all.

해석

1 현대 기술은 우리에게 그것을 예측할 수 있는 능력을 주었다.
2 그는 책 한 권씩을 우리들 각자에게 주었다.
3 우리는 그에게 보다 더 좋은 지위를 제안했다.
4 이 서비스는 많은 프로그램을 어린이들에게 제공할 것이다.
5 내가 너에게 새 옷을 만들어 주겠다.
6 그녀가 커피를 우리 모두에게 만들어 주었다.

적중 포인트 025 to부정사를 목적격 보어로 취하는 대표 5형식 타동사 시험중요도 ★★★★

 빠르게 문제 푸는 *Solving Strategy*

◎ **대표 5형식 타동사**는 목적어와 목적격 보어의 관계가 **능동**일 때 **목적격 보어**에 to부정사를 취한다.
◎ **대표 5형식 타동사**는 목적어와 목적격 보어의 관계가 **수동**일 때 **목적격 보어**에 **과거분사**를 취한다.
◎ 일부 5형식 동사는 목적어와 목적격 보어의 관계가 수동 때 목적격 보어에 과거분사뿐만 아니라 to be p.p.도 가능하다.

 적중 포인트 *핵심 이론 Summary*

• 대표 5형식 동사와 목적격 보어의 형태

대표 5형식 동사			목적격 보어
기대	want, expect	목적어	to부정사 [목적어와 목적격 보어의 관계가 능동]
요구	ask, require, request		
충고	advise		
명령	tell, order, command		
강요	force, oblige		
유발	cause, lead, get		과거분사 [목적어와 목적격 보어의 관계가 수동]
설득	persuade		
격려	encourage, enable		
허가	allow, permit		

✔ 문장으로 적용하는 *Solving Strategy*

✐ 대표 5형식 타동사의 목적어와 목적격 보어의 관계가 **능동** → 목적격 보어 자리에
 → **to부정사 (o)**

1 The poor harvest caused prices ~~rise~~(→ **to rise**) sharply.
2 The doctor told him ~~cut~~(→ **to cut**) down on his drinking.

✐ 대표 5형식 타동사의 목적어와 목적격 보어의 관계가 **수동** → 목적격 보어 자리에
 → **과거분사 (o)**

3 I'll never get all this work ~~to finish~~(→ **finished**).
4 I want this car ~~to fix~~(→ **fixed**) without delay.

해석

1 흉작으로 물가가 폭등했다.
2 의사가 그에게 술을 줄이라고 말했다.
3 나는 절대 이 일을 다 끝낼 수가 없을 것이다.
4 나는 이 차를 지체 없이 수리하고 싶다.

적중 포인트 026 5형식 사역동사의 목적격 보어 시험중요도★★★★★

✔ 빠르게 문제 푸는 Solving Strategy

◉ 5형식 **사역동사**는 to부정사가 아닌 **원형부정사** 또는 **과거분사**를 **목적격 보어**로 취하므로 반드시 목적격 보어의 형태를 확인한다.

◉ 5형식 **사역동사** let은 목적어와 목적격 보어가 **수동**의 의미 관계를 갖는 경우에는 반드시 **목적격 보어**를 과거분사가 아닌 「be p.p.」를 쓴다.

✔ 적중 포인트 핵심 이론 Summary

● 사역동사와 목적격 보어의 형태

사역동사	목적어	목적격 보어	목적어와 목적격 보어의 관계
make, have, let	목적어	원형부정사	능동
make, have		과거분사	수동
let		be p.p.	

✔ 문장으로 적용하는 Solving Strategy

✎ 사역동사의 목적어와 목적격 보어 관계가 **능동**
→ 목적격 보어자리에 **원형부정사(o)**

[1] This dress makes me ~~to look~~(→ look) fat.
[2] He had them ~~to wait~~(→ wait) in the cab.

✎ make, have의 목적어와 목적격 보어 관계가 **수동**
→ 목적격 보어자리에 **과거분사(o)**

[3] They had him **investigate**(→ investigated) by a detective.

✎ let의 목적어와 목적격 보어 관계가 **수동**
→ 목적격 보어자리에 **be p.p.(o)**

[4] Don't let me **distracted**(→ be distracted) by the noise you make.

해석

[1] 이 원피스는 나를 뚱뚱해 보이게 한다.
[2] 그는 그들을 택시 안에서 기다리게 했다.
[3] 그들은 탐정에게 그를 수사하도록 했다.
[4] 네가 내는 소음 때문에 내 집중력을 잃게 하지 마라.

적중 포인트 027 5형식 지각동사의 목적격 보어 시험중요도 ★★★★★

 빠르게 문제 푸는 *Solving Strategy*

◎ 5형식 **지각동사**는 to부정사가 아닌 **원형부정사, 현재분사** 또는 **과거분사를 목적격 보어**를 취하므로 반드시 목적격 보어의 형태를 확인한다.

 적중 포인트 *핵심 이론* *Summary*

Chapter ─ 03

• 지각동사와 목적격 보어의 형태

지각동사		목적격 보어	목적어와 목적격 보어의 관계
see, watch, notice, observe, feel, hear, listen to	목적어	원형부정사, 현재분사	능동
		과거분사	수동

 문장으로 적용하는 *Solving Strategy*

✎ 지각동사의 목적어와 목적격 보어 관계가 **능동**
  → 목적격 보어 자리에 **원형부정사, 현재분사 (o)**

[1] He **heard** branches ~~to move~~(→ moving) as the tiger jumped.

[2] They **watched** the bus ~~to disappear~~(→ disappear) into the distance.

[3] They **observed** him ~~to enter~~(→ entering) the bank.

✎ 지각동사의 목적어와 목적격 보어의 관계가 **수동**
  → 목적격 보어 자리에 **과거분사 (o)**

[4] She **heard** her name ~~calling~~(→ called).

해석

[1] 그 호랑이가 뛰었을 때 나뭇가지가 움직이고 있는 소리를 들었다.
[2] 그들은 버스가 멀리 사라져 가는 것을 지켜보았다.
[3] 그들은 그가 은행에 들어가는 것을 목격했다.
[4] 그녀는 자기의 이름을 부르는 소리를 들었다.

적중 포인트 028 분사를 목적격 보어로 취하는 5형식 동사 시험중요도 ★★★

✓ 빠르게 문제 푸는 Solving Strategy

 find, leave, keep, catch는 목적격 보어로 분사나 형용사를 취할 수 있다.

✓ 적중 포인트 핵심 이론 Summary

• 분사를 목적격 보어로 취하는 5형식 동사와 목적격 보어의 형태

분사를 목적격 보어로 취하는 5형식 동사		목적격 보어	목적어와 목적격 보어 관계
find 알다, 깨닫다 leave ~한 상태로 두다 keep 유지하다 catch 발견하다, 목격하다	목적어	형용사	상태
		현재분사	능동
		과거분사	수동

✓ 문장으로 적용하는 Solving Strategy

✎ find, leave, keep, catch의 목적격 보어 자리 → 능동 의미의 현재분사 (o)

1 Don't leave her **waited**(→ **waiting**) outside in the rain.

2 I caught her **smoked**(→ **smoking**) in the bathroom.

✎ find, leave, keep, catch의 목적격 보어 자리 → 수동 의미의 과거분사 (o)

3 You must always leave your room **locked**.

✎ find, leave, keep, catch의 목적격 보어 자리 → 부사 (x) 형용사 (o)

4 We found the beds very **comfortably**(→ **comfortable**).

해석

1 그녀를 비가 오는데 밖에서 기다리게 하지 말아라.
2 나는 그녀가 화장실에서 담배 피우는 걸 목격했다.
3 당신은 항상 방을 잠그고 있어야 한다.
4 우리는 그 침대가 아주 편안하다는 것을 알게 되었다.

적중 포인트 029 명사나 형용사를 목적격 보어로 취하는 5형식 동사 시험중요도 ★★★

✓ 빠르게 문제 푸는 *Solving Strategy*

◎ 명사나 형용사를 목적격 보어로 취하는 5형식 동사들도 있으니 주의한다.

✓ 적중 포인트 *핵심 이론 Summary*

03

• 형용사나 명사를 목적격 보어로 취하는 5형식 동사와 목적격 보어의 형태

형용사나 명사를 목적격 보어로 취하는 5형식 동사		목적격 보어
call, name	목적어	명사
elect, appoint		(as / to be) 명사
see, view, take, regard, think of, speak of, refer to, look upon		as 명사 / as 형용사
consider		(as / to be) 명사, 형용사

✓ 문장으로 적용하는 *Solving Strategy*

✎ call, name → **명사 목적격 보어 (o)**

[1] People call Chaucer **the Father of English poetry.**

[2] They named their son **John.**

✎ elect, appoint → (as / to be) **명사 목적격 보어 (o)**

[3] We elected him as **our representative.**

✎ 5형식 간주동사 → **as 명사 목적격 보어 (o)** 또는 **as 형용사 목적격 보어 (o)**

[4] I regard every assignment **as a challenge.**

[5] They consider the proposal **as beneficial.**

해석

[1] 사람들은 Chaucer를 영시의 아버지라고 부른다.
[2] 그들은 아들 이름을 John이라고 지었다.
[3] 우리는 그를 대표로 선출했다.
[4] 나는 모든 임무를 도전이라고 생각한다.
[5] 그들은 제안이 유익하다고 여긴다.

적중 포인트 030 '말하다' 동사의 구분 시험중요도 ★★

 ### 빠르게 문제 푸는 *Solving Strategy*

❂ speak, talk, say, tell은 모두 '말하다'라는 뜻이나 **speak**와 **talk**는 **1형식 자동사**이고 **say**는 **3형식 타동사**, **tell**은 주로 **4형식 수여동사**로 쓰이므로 각각 **구분**해서 사용해야 한다.

 ### 적중 포인트 *핵심 이론 Summary*

• '말하다'의 동사 구분

'말하다' 동사	구조 및 특징	
speak, talk (1형식)	말하다, 이야기하다	
speak, talk (3형식)	speak+언어명(English, Korean 등)	(어떤 언어)를 말하다, (특정한 언어)를 할 줄 알다, 구사하다
	talk A into B	A에게 이야기하여 B하게 하다, A를 설득하여 B시키다
	talk A out of B	A가 B를 단념하게 하다
say (3형식)	목적어 1개 주의 간접목적어 + 직접목적어 (×)	
tell (3형식)	특정 명사 목적어(a story, a joke, a lie, the truth, the difference)	
	tell A about B	A에게 B에 관하여 말하다
tell (4형식)	간접목적어 + 직접목적어	
tell (5형식)	목적어 + 목적격 보어[to부정사, 과거분사]	

 ### 문장으로 적용하는 *Solving Strategy*

✎ speak과 talk는 **특정한 경우에 3형식 타동사 (o)**

1 I **speak English** fairly well.

2 He **talked** his father **into** buying a new car.

3 He **talked** me **out of** smoking.

> 해석

1 나는 영어를 꽤 잘한다.
2 그는 부친을 설득하여 새 자동차를 사게 했다.
3 그는 나에게 담배를 끊도록 설득했다.

적중 포인트 031 혼동하기 쉬운 자동사와 타동사 시험중요도 ★★★★★

✔ 빠르게 문제 푸는 *Solving Strategy*

🌀 rise, arise, lie, sit, fall은 **1형식 자동사**이므로 목적어를 취할 수 없고 raise, arouse, lay, seat, fell은 **3형식 타동사**이므로 목적어를 취할 수 있으니 **목적어 유무**에 따라 올바른 동사가 쓰였는지 확인한다.

✔ 적중 포인트 *핵심 이론 Summary*

• 혼동하기 쉬운 자동사와 타동사

1형식 자동사	rise — rose — risen	일어나다, 오르다
3형식 타동사	raise — raised — raised	~을 올리다, ~을 제기하다
1형식 자동사	arise — arose — arisen	생기다, 발생하다
3형식 타동사	arouse — aroused — aroused	불러일으키다, 깨우다
1형식 자동사	lie — lay — lain	눕다, 놓여 있다
	lie — lied — lied	거짓말하다
3형식 타동사	lay — laid — laid	~을 두다, 놓다, 눕히다
1형식 자동사	sit — sat — sat	앉다
3형식 타동사	seat — seated — seated	앉히다
1형식 자동사	fall — fell — fallen	떨어지다, 넘어지다
3형식 타동사	fell — felled — felled	(나무를) 베어 넘어뜨리다, (사람을) 쓰러뜨리다

✔ 문장으로 적용하는 *Solving Strategy*

✎ 목적어 없으면 → **1형식 자동사 (o)** ⓥⓢ 목적어 있으면 → **3형식 타동사 (o)**

1 He said he would **rise**(→ **raise**) my salary because I worked hard.

2 Several problems have **raised**(→ **arisen**) due to the new members.

3 Owing to the heavy rain, the river has **raised**(→ **risen**) by 120cm.

4 He **fall**(→ **felled**) his opponent with a single blow.

해석

1 그는 내가 일을 열심히 했기 때문에 월급을 올려 주겠다고 말했다.
2 새로운 멤버들로 인해 몇 가지 문제가 발생했다.
3 폭우로 인해, 그 강은 120cm 상승했다.
4 그는 단 일격에 상대방을 때려눕혔다.

적중 포인트 032 의미와 구조에 주의해야 할 타동사 시험중요도 ★★

 빠르게 문제 푸는 *Solving Strategy*

- affect ⓥ effect와 find ⓥ found는 의미에 주의한다.
- hope ⓥ want와 borrow ⓥ lend의 문장 구조적 차이에 주의한다.
- help는 목적어 또는 목적격 보어로 to부정사와 원형부정사를 취할 수 있다.
- hang은 의미에 따라 3단 변화형이 달라지므로 주의한다.

 적중 포인트 *핵심 이론 Summary*

- 의미와 구조에 주의해야 할 타동사

affect	영향을 미치다, (병이) 침범하다 주의 타동사로만 쓰임
effect	영향, 효과, 결과
	(어떤 결과를) 가져오다
find	찾다, 발견하다 주의 find - found - found
found	설립하다 주의 found - founded - founded
hope	hope for 명사
	hope to부정사
	hope that절
	주의 「hope 목적어 to부정사」와 같은 5형식 구조로 쓸 수 없음.
want	(3형식) want 명사
	(3형식) want to부정사
	(5형식) want 목적어 to부정사
	주의 「want that절」 구조로 쓸 수 없음.
borrow	(3형식) 빌리다
lend	(4형식) 빌려주다
help	(3형식) 목적어 자리에 to부정사, 원형부정사 가능
	(5형식) 목적격 보어 자리에 to부정사, 원형부정사 가능
hang	매달다, 걸다 주의 hang - hung - hung
	교수형에 처하다 주의 hang - hanged - hanged
survive	(자동사) 살아남다, 생존하다
	(타동사) ~에서 살아남다, ~보다 오래살다
	주의 be survived by ~을 유가족으로 남겨두고 죽다, 유가족으로 ~가 있다

✔ 문장으로 적용하는 *Solving Strategy*

✐ '영향을 미치다' → effect (x) affect (o)

[1] The drug may effect(→ affect) your powers of concentration.

✐ '설립했다' → found (x) founded (o)

[2] Her family found(→ founded) the college in 1895.

✐ hope는 5형식 구조 (x) ⒱ want는 5형식 구조 (o)

[3] Fans and supporters hope(→ want) him to do his best.

✐ borrow는 4형식 구조 (x) ⒱ lend는 4형식 구조 (o)

[4] I asked him to borrow(→ lend) me five dollars.

✐ '교수형에 처해지다' → be hung (x) be hanged (o)

[5] An Australian man was hung(→ hanged) in Singapore in November.

Chapter —— 03

해석

[1] 그 약물은 집중력에 영향을 줄 수 있다.
[2] 그녀의 가문이 1895년에 그 대학을 설립했다.
[3] 팬들과 지지자들은 그가 최선을 다하길 바란다.
[4] 나는 그에게 5달러를 빌려달라고 요청했다.
[5] 한 호주 남성이 11월에 싱가포르에서 교수형 처해졌다.

✓ 적중 포인트 *Level-up Exercise 01*

※ 다음 밑줄 친 부분이 옳으면 O, 옳지 않으면 X하고 올바르게 고치세요.

01 He assured us that our past mistakes <u>isn't mattered</u> as long as we learn from them. ☐O☐X

02 Organic food products <u>sell</u> well among health-conscious consumers. ☐O☐X

03 Nothing would prevent him <u>from speaking</u> out against injustice. ☐O☐X

04 She explained <u>them</u> that an ambulance would be coming soon. ☐O☐X

✓ 적중 포인트 *Level-up Exercise 02*

※ 밑줄 친 부분에 들어갈 말로 적절한 것을 고르시오.

05 I'm still not totally _____ that he knows what he's doing.
① convincing   ② convinced
③ convince   ④ convince of

06 During the school assembly, I had the chance to observe many students _____ with each other.
① be interacted   ② interacting
③ to interact   ④ interaction

07 She asked if I could _____ some money until payday.
① lend her   ② borrow her
③ lend to her   ④ borrowed her

08 Could you please _____ if there are any local hotels with discount rates for Metropolitan clients?
① let me knowing   ② let me know
③ let me known   ④ let me to know

적중 포인트 Level-up Exercise 01 & 02 정답			
01 X don't matter	**02** O	**03** O	**04** X to them
05 ②	**06** ②	**07** ①	**08** ②

MEMO

04 동사의 시제

✔ **신경향 출제 예상 문제** *Preview*

Q1 다음 밑줄 친 부분 중 어법상 옳지 않은 것은?

He will ① approach his colleagues tomorrow morning to inquire about what ② happens during their meeting yesterday, hoping to gather all ③ pertinent details and understand the context behind any decisions ④ made.

Q2 다음 밑줄 친 부분에 들어갈 말로 가장 적절한 것은?

By the time they _____ the winner, everyone will have eagerly anticipated the results for months.

① will announce
② announced
③ announce
④ had announced

신경향 출제 예상 문제 *Pen Checking*

Q1 다음 밑줄 친 부분 중 어법상 옳지 않은 것은?

He will ① <u>approach</u> his colleagues tomorrow morning to inquire about what ② <u>happens</u> [happened ➡ 과거시간을 나타내는 부사인 yesterday는 과거시제 동사와 쓰임.] during their meeting yesterday, hoping to gather all ③ <u>pertinent</u> details and understand the context behind any decisions ④ <u>made</u>.

Q2 다음 밑줄 친 부분에 들어갈 말로 가장 적절한 것은?

By the time they │ 시간 부사절 안에 쓰인 동사 자리 │ the winner, everyone will have eagerly anticipated the results for months.

① will announce [×]

　➡ 시간 부사절에서는 미래시제를 쓸 수 없음.

② announced [×]

　➡ 미래의 일을 나타낼 때는 과거시제를 쓸 수 없음.

③ announce [○]

　➡ 시간 부사절에서는 미래의 내용을 현재시제로 대신함.

④ had announced [×]

　➡ 미래의 일을 나타낼 때는 과거완료 시제를 쓸 수 없음.

해석

Q1 그는 내일 아침 모든 관련된 세부 사항을 수집하고 어떤 결정들이 내려졌는지 배경을 이해하려고 동료들에게 어제 회의에서 무슨 일이 있었는지 물어보기 위해 다가갈 것이다.

Q2 그들이 우승자를 발표할 때까지, 모든 사람들은 몇 달 동안 결과를 간절히 기대했을 것이다.

적중 포인트 033 과거 시간을 나타내는 부사와 과거시제 시험중요도 ★★★

✔ 빠르게 문제 푸는 Solving Strategy

◎ 명백한 과거를 나타내는 **과거 시간 부사**가 나오면 반드시 **과거 동사**를 확인한다.
◎ **과거 시간 부사절**이 나오면 **주절**에 **과거 관련 시제**를 확인한다.

✔ 적중 포인트 핵심 이론 Summary

• 과거 시간 부사와 부사절

명백한 과거를 나타내는 과거 시간 부사	시간 ago, last 시점, in 지난 연도/과거 시점, in those days, at that time, yesterday, once
과거 시간 부사절	when + 주어 + 과거시제 동사 → 주절에 과거 관련 시제로 쓴다. before + 주어 + 과거시제 동사 → 주절에 과거 관련 시제로 쓴다.

✔ 문장으로 적용하는 Solving Strategy

✐ 과거 시간 부사가 나오면 **현재 관련 시제 (x)** → **과거시제 (o)**

1 It has happened(→ happened) almost exactly a year ago.

2 She has undergone(→ underwent) major surgery last year.

✐ 과거 시간 부사절이 나오면 주절에 **과거 관련 시제 (o)**

3 John is(→ was) talking to the man at the door when his mother phoned him.

해석

1 그 일은 거의 일 년 전에 일어났다.
2 그녀는 작년에 대수술을 받았다.
3 그의 어머니가 전화했을 때 존은 문 앞에서 그 남자와 이야기하는 중이었다.

적중 포인트 034 완료시제와 잘 쓰이는 시간 부사 　시험중요도 ★★★

✔ 빠르게 문제 푸는 *Solving Strategy*

◉ **완료시제**와 잘 쓰이는 **시간 부사**는 동사가 완료시제로 쓰였는지 확인한다. 다만 반드시 꼭 완료 시제만
써야 하는 것은 아니니 주의한다.
◉ 과거보다 **더 과거**에 발생한 일은 had p.p.로 쓴다.

✔ 적중 포인트 *핵심 이론 Summary*

• 완료시제를 나타내는 시간 부사와 부사절

for 기간	over 기간	since 시점	since 주어 + 과거시제 동사
not ~ yet	already	by the time 주어 + 동사	

✔ 문장으로 적용하는 *Solving Strategy*

✎ 완료시제를 나타내는 시간 부사 → **완료시제 동사 (o)**

1 It **has been** wonderful working with you **for the last three years**.

2 She **has** not **changed** much **over the years**.

3 I **haven't eaten** since breakfast.

4 I **haven't received** a letter from him yet.

5 I **had waited** for an hour before he appeared.

✎ 과거보다 **더 과거**에 발생한 일 → **had p.p.**

6 I lost the book that my father **had bought** for me.

해석

1 지난 3년 동안 너와 함께 일해 참 좋았다.
2 그녀는 그 세월 동안 별로 많이 변하지 않았다.
3 나는 아침 식사 이후로 아무것도 안 먹었다.
4 난 그에게서 아직 편지를 받지 못했다.
5 나는 그가 나타나기 전에 한 시간을 기다렸다.
6 나는 아버지께서 사주신 책을 잃어버렸다.

적중 포인트 035 미래를 대신하는 현재시제 시험중요도 ★★★★

✓ 빠르게 문제 푸는 Solving Strategy

◎ **시간과 조건 부사절**에서는 미래시제가 아닌 **현재시제**로 쓰여있는지 확인한다.
◎ **시간과 조건 부사절**이 **아닌 경우**에는 **미래면 미래시제**로 쓴다.
◎ **왕래발착동사**는 **현재시제**나 **현재진행시제**로 **미래**를 나타낼 수 있다.

✓ 적중 포인트 핵심 이론 Summary

• 시간 · 조건 부사절과 현재시제

시간 부사절 접속사 + 주어 + will, won't → 현재시제	
조건 부사절 접속사 + 주어 + will, won't → 현재시제	
시간 부사절 접속사	when, while, before, after, till, until, as soon as, by the time
조건 부사절 접속사	if, providing, provided, unless, in case, on condition that

• 왕래발착 동사와 미래시제

왕래발착 동사는 현재시제나 현재진행시제로 미래를 나타낼 수 있다.	
왕래발착 동사	go, come, leave, depart, arrive

✓ 문장으로 적용하는 Solving Strategy

✐ 시간과 조건 부사절 → **미래시제 (x) 현재시제 (o)**

1 She will be waiting for me **when** my flight ~~will arrive~~(→ **arrives**) this evening.

2 **By the time** you ~~will arrive~~(→ **arrive**) here, I will have already left.

3 **If** it ~~will be~~(→ **is**) warm tomorrow, we'll drive in the country.

4 I will have read this book four times **if** I ~~will read~~(→ **read**) it once again.

✎ if나 when이 명사절을 이끌 때 → 미래시제 (o)

⑤ I wonder if she **will finish** the work by tomorrow.

⑥ I don't know when he **will come**.

✎ when이 형용사절을 이끌 때 → 미래시제 (o)

⑦ I don't know the time when she **will** leave.

✎ 왕래발착 동사 → 미래를 나타낼 때 현재시제, 현재진행시제, 미래시제 (o)

⑧ He **leaves** for China next Friday.
  = He **is leaving** for China next Friday.
  = He **will leave** for China next Friday.

해석

① 오늘 저녁에 내가 탄 비행기가 도착하면 그녀가 나를 기다리고 있을 것이다.
② 당신이 여기에 도착했을 때, 나는 이미 떠났을 것이다.
③ 내일 날씨가 포근하다면, 시골로 드라이브 가자.
④ 내가 이 책을 다시 한 번 읽는다면, 나는 이 책을 네 번 읽게 되는 것이다.
⑤ 나는 그녀가 내일까지 그 일을 끝낼 수 있을지 궁금하다.
⑥ 나는 그가 언제 올지 모르겠다.
⑦ 나는 그녀가 언제 떠날지 모른다.
⑧ 그는 다음 주 금요일에 중국으로 떠날 것이다.

▶ 적중 포인트 036 진행형 불가 동사   시험중요도 ★★★

 빠르게 문제 푸는 *Solving Strategy*

◎ 상태, 인식, 감각, 소유 동사는 진행형(be -ing)으로 쓸 수 없다.

 적중 포인트 *핵심 이론* Summary

● 진행형(be -ing) 불가 동사

상태 동사	resemble, consist of, remain, appear
인식 동사	know, understand, remember
감각 동사	taste, smell, sound, look
소유 동사	have, belong to, possess, include

✓ **문장으로 적용하는** *Solving Strategy*

✎ resemble과 know → **진행형(be-ing) (x)**

1 So many hotels ~~are resembling~~(→ **resemble**) each other.

2 I ~~was knowing~~(→ **knew**) where he was hiding.

✎ 2형식 감각 동사 taste와 look → **진행형(be-ing) (x)**

3 The medicine ~~was tasting~~(→ **tasted**) nasty.

4 You ~~are looking~~(→ **look**) nice in your new blouse.

> 해석

1 너무나 많은 호텔들이 서로 비슷하다.
2 나는 그가 어디에 숨어 있는지 알고 있었다.
3 그 약은 쓴맛이 났다.
4 너는 새 블라우스를 입으니 근사해 보인다.

적중 포인트 037 시제의 일치와 예외

 빠르게 문제 푸는 *Solving Strategy*

◉ **주절**의 **시제**가 **과거시제**면 **종속절**에 **과거 관련 시제**가 올바르게 쓰였는지 확인한다.
◉ **변하지 않는 진리**이거나 **과학적 사실**은 주절의 시제와 상관없이 항상 **현재시제**로 쓴다.
◉ 과거에 발생한 **역사적 사실**은 주절의 시제와 상관없이 **항상 과거시제**로 쓴다.

 적중 포인트 *핵심 이론 Summary*

• 시제 일치와 예외

주절	종속절
현재시제 동사	that 주어 + 현재시제, 과거시제, 미래시제 모두 가능 단, 과거완료시제는 쓸 수 없으므로 주의한다.
과거시제 동사	that 주어 + 과거 관련 시제 동사(과거, 과거진행, 과거완료, 과거 조동사 가능) 즉, 현재시제나 조동사 will이 사용될 수 없으므로 주의한다.
시제 일치 예외	

• 종속절의 내용이 변하지 않는 진리이거나 과학적 사실 → 항상 현재시제
• 종속절의 내용이 과거에 발생한 역사적 사실 → 항상 과거시제

 문장으로 적용하는 *Solving Strategy*

✎ **주절의 시제가 과거시제면 종속절 → 현재시제 (x), 미래시제 (x) 과거 관련 시제 (o)**

1 He **had** to fight against winds that **will blow(→ blew)** over 40 miles an hour.

✎ **시제 일치 예외**

2 Columbus proved that **the earth was(→ is) round**.

3 The scientist reminded us that **light traveled(→ travels) at tremendous speed**.

4 John learned that **World War I had broken out(→ broke out) in 1914**.

해석

1 그는 시속 40마일이 넘는 바람과 싸워야 했다.
2 Columbus는 지구가 둥글다는 것을 증명했다.
3 그 과학자는 우리에게 빛이 엄청난 속도로 이동한다는 것을 상기시켰다.
4 John은 1914년에 제1차 세계대전이 일어났다는 것을 배웠다.

Chapter ——— 04

적중 포인트 038 시제 관련 표현

 빠르게 문제 푸는 *Solving Strategy*

◉ '~하자마자 …했다'라는 의미의 **시제 구문**은 여러 가지 표현으로 쓰이므로 동사의 **시제**와 **도치 구조** 그리고 **접속사** 등이 올바르게 쓰였는지 **확인**해야 한다.

◉ '~하고 나서야 …하다'라는 의미의 **시제 구문**은 **도치 구조**와 **강조 구문**으로 쓰이므로 구조가 올바르게 쓰였는지 **확인**해야 한다.

 적중 포인트 *핵심 이론 Summary*

• 시제 관련 표현

~하자마자 …했다	주어 + had [hardly / scarcely] p.p. + [when / before] 주어 + 과거시제 동사	
	주어 + **had no sooner** p.p. + than 주어 + 과거시제 동사	
	도치	[hardly / scarcely] + **had 주어** p.p. + [when / before] 주어 + 과거시제 동사
		No sooner + **had 주어** p.p. + than 주어 + 과거시제 동사
	As soon as + 주어 + 과거시제 동사, 주어 + 과거시제 동사	
	[On / Upon] −ing, 주어 + 과거시제 동사	
~이 되어 (비로소) …하다	주어 + not 동사 + until 명사 주어 + not 동사 + until 주어 + 동사	
	도치	Not until 명사 + **조동사 + 주어** Not until 주어 + 동사 + **조동사 + 주어**
	강조	It be + not until 명사 + that **주어 + 동사** It be + not until 주어 + 동사 that **주어 + 동사**
~한 지 시간이 …지났다	**It is 시간** + since 주어 + 과거시제 동사 **It has been 시간** + since 주어 + 과거시제 동사 **시간 + have passed** + since 주어 + 과거시제 동사	
머지않아 ~할 것이다	It will not be long + **before** 주어 + 현재시제 동사	
~하기도 전에 …했다	주어 + **had not** p.p. + [when / before] 주어 + 과거시제 동사	

문장으로 적용하는 *Solving Strategy*

✎ '~하자마자 …했다' 구문에서 주절 → **과거시제 (x) had p.p. (o)**

1 He ~~hardly went~~(→ **had hardly gone**) out when it started raining.

✎ '~이 되어 (비로소) …하다' 구문 → **도치 구조와 강조 구문 (o)**

2 He didn't start to read **until** he was ten.

3 **Not until yesterday** ~~I knew~~(→ **did I know**) the fact.

4 **It was** not until he was thirty **that** ~~did he start~~(→ **he started**) to paint.

✎ '~한 지 시간이 …지났다'라는 시제 표현에서 → **It is 또는 It has been (o)**

5 It **was**(→ **is / has been**) three years since I moved to this house.

✎ '머지않아 ~할 것이다' → before 뒤에 **미래시제 (x)**

6 **It will not be long before** my dream ~~will come~~(→ **comes**) true.

✎ '~하기도 전에 …했다' → when 뒤에 **현재시제 (x)**

7 I **had not walked** a mile **when** ~~begins~~(→ **began**) to rain.

Chapter 04

해석

1 그가 외출하자마자 비가 오기 시작했다.
2 그는 10살이 되어서야 비로소 책을 읽기 시작했다.
3 어제야 비로소 나는 그 사실을 알았다.
4 그는 30세가 되어 비로소 그림을 그리기 시작하였다.
5 내가 이 집으로 이사 온 지 3년이 지났다.
6 머지않아 내 꿈이 실현될 것이다.
7 내가 1마일도 걷기 전에 비가 오기 시작했다.

✓ 적중 포인트 *Level-up Exercise 01*

※ 다음 밑줄 친 부분이 옳으면 O, 옳지 않으면 X하고 올바르게 고치세요.

01 She wonders if they <u>will announce</u> the new product launch next month.
⬚O⬚X

02 If it <u>is cold</u> tomorrow, we'll stay indoors and watch movies all day.
⬚O⬚X

03 When she finished her presentation, everyone <u>applauds</u> enthusiastically for her thorough research.
⬚O⬚X

04 The time when we <u>will finish</u> the project depends on the team's progress.
⬚O⬚X

✓ 적중 포인트 *Level-up Exercise 02*

※ 밑줄 친 부분에 들어갈 말로 적절한 것을 고르시오.

05 It was not until he lost his job that _____ the importance of financial planning.
① he realized
② did he realize
③ he realizes
④ does he realize

06 It _____ ten years since they got married, and their bond has only grown stronger with each passing year.
① was
② has been
③ have been
④ had been

07 The coffee _____ because it was brewed too long, and now it needs extra sugar and milk.
① tastes bitter
② was tasting bitter
③ is tasting bitter
④ tastes bitterly

08 No sooner _____ than he raised an important question.
① the meeting began
② the meeting has begun
③ has the meeting begun
④ had the meeting begun

적중 포인트 Level-up Exercise 01 & 02 정답

01 O	02 O	03 X applauded	04 O
05 ①	06 ②	07 ①	08 ④

05 주어와 동사 수 일치

✓ 적중 포인트 CHECK-UP

적중 포인트 039	현재시제 동사와 be동사의 수 일치 ★★★★★
적중 포인트 040	상관접속사와 수 일치 ★★★
적중 포인트 041	부분을 나타내는 명사와 수 일치 ★★★★
적중 포인트 042	A and B와 수 일치 ★
적중 포인트 043	혼동하기 쉬운 주어와 동사 수 일치 ★★★★
적중 포인트 044	주어 자리에서 반드시 단수 또는 복수 취급하는 특정 표현 ★★★

✓ 신경향 출제 예상 문제 Preview

Q1 다 음 밑 줄 친 부 분 중 어 법 상 옳 지 않 은 것 은?

Trial and error ① <u>are</u> a common method in problem-solving, often leading to effective solutions through repeated attempts. ② <u>Learning</u> from mistakes is essential in refining approaches, and the number of successful outcomes typically ③ <u>increases</u> over time with persistence. By experimenting with different strategies, individuals can develop ④ <u>innovative</u> solutions and improve their skills.

Q2 다 음 밑 줄 친 부 분 에 들 어 갈 말 로 가 장 적 절 한 것 은?

_____ handle the customer complaint that was received this morning, ensuring that the issue is resolved promptly and professionally.

① Either they or she
② Either you or James
③ Either James or Susan
④ Either he or I

☑ 신경향 출제 예상 문제 *Pen Checking*

Q1 다음 밑줄 친 부분 중 어법상 옳지 않은 것은?

> Trial and error ① are [is → 단일 개념을 나타내는 A and B 구조는 단수 동사와 수 일치 함, Trial and error는 시행착오라는 단일 개념이므로 단수 동사와 수 일치.] a common method in problem-solving, often leading to effective solutions through repeated attempts. ② Learning from mistakes is essential in refining approaches, and the number of successful outcomes typically ③ increases over time with persistence. By experimenting with different strategies, individuals can develop ④ innovative solutions and improve their skills.

Q2 다음 밑줄 친 부분에 들어갈 말로 가장 적절한 것은?

> 주어 자리 handle the customer complaint, ensuring that the issue is resolved promptly and professionally.

① Either they or she [×]

→ either A or B는 B에 수 일치 하고 she는 3인칭 단수이므로 단수 동사와 수 일치.

② Either you or James [×]

→ either A or B는 B에 수 일치 하고 James는 3인칭 단수이므로 단수 동사와 수 일치.

③ Either James or Susan [×]

→ either A or B는 B에 수 일치 하고 Susan은 3인칭 단수이므로 단수 동사와 수 일치.

④ Either he or I [○]

→ either A or B는 B에 수 일치 하고 I는 3인칭 단수 주어가 아님.

해석

Q1 시행착오는 문제 해결에서 흔히 사용되는 방법으로, 반복된 시도를 통해 효과적인 해결책을 도출하는 경우가 많다. 실수로부터 배우는 것은 접근 방식을 개선하는 데 필수적이며, 성공적인 결과의 수는 보통 지속성을 통해 시간이 지남에 따라 증가한다. 다양한 전략을 실험함으로써 개인은 혁신적인 해결책을 개발하고 자신의 기술을 향상시킬 수 있다.

Q2 그 문제가 신속하고 전문적으로 해결되도록 그 혹은 나 둘 중 한 명이 고객 불만을 처리한다.

Chapter —— 05

적중 포인트 039 현재시제 동사와 be동사의 수 일치 _{시험중요도 ★★★★★}

 빠르게 문제 푸는 *Solving Strategy*

◉ **현재시제 동사**와 **be동사**가 나오고 주어와 동사가 멀리 떨어져 있는 경우에는 **수 일치**에 주의한다.
◉ **수식어구**는 주어와 동사의 수 일치에 영향을 미치지 않으므로 **괄호 처리**한다.

 적중 포인트 *핵심 이론 Summary*

• 수식어구와 수 일치

주어	(전치사 + 명사)	현재시제 동사 be동사
	(동격)	
	(to부정사)	
	(분사)	
	(관계사절)	
	(주어 + 동사 ∅)	

수 일치

✅ **문장으로 적용하는** *Solving Strategy*

✎ 현재시제 동사와 be동사는 주어와 **수 일치** 확인

1 Another way to speed up the process **are(→ is)** to make the shift to a new system.

2 The answers they have come up with **has(→ have)** changed a lot.

해석

1 그 과정의 속도를 올리는 또 다른 방법은 새로운 시스템으로 전환하는 것이다.
2 그들이 제시해 온 답변들이 많이 바뀌어 왔다.

적중 포인트 040 상관접속사와 수 일치

시험중요도 ★★★

 빠르게 문제 푸는 Solving Strategy

◎ 주어 자리에 both A and B를 제외한 **상관접속사**는 **B에 수 일치**한다.
◎ 주어 자리에 **both A and B는 복수 취급**하므로 주어 자리에 나올 때 **복수 동사**와 **수 일치**를 확인한다.

 적중 포인트 핵심 이론 Summary

• 상관접속사와 수 일치

either A or Ⓑ	
neither A nor Ⓑ	
not only A but (also) Ⓑ = Ⓑ as well as A	동사는 Ⓑ와 수 일치
not A but Ⓑ	
both A and B	복수 동사와 수 일치

 문장으로 적용하는 Solving Strategy

✎ 주어 자리에 상관접속사 → B에 수 일치

[1] Neither she nor I ~~has~~(→ have) any plan for the weekend.

[2] Not only Seoul but also many places ~~has~~(→ have) their own historic sites.

✎ both A and B → 복수 동사와 수 일치

[3] Both Tom and Mary **have** a good personality.

해석

[1] 그녀도 나도 주말에 아무런 계획이 없다.
[2] 서울뿐만 아니라 많은 곳들에 유적지가 있다.
[3] Tom과 Mary 둘 다 책임감이 강하다.

적중 포인트 041 부분을 나타내는 명사와 수 일치 시험중요도 ★★★★

 빠르게 문제 푸는 *Solving Strategy*

◎ 부분이나 전체를 나타내는 명사가 나오면 of 뒤에 명사를 확인해서 동사와 수 일치한다.

✓ **적중 포인트** *핵심 이론 Summary*

• 부분이나 전체를 나타내는 명사의 수 일치

$$
\begin{bmatrix}
\text{most, majority, minority} \\
\text{some, part, portion, rest} \\
\text{분수, percent} \\
\text{all}
\end{bmatrix}
+ \text{of} + \underline{\text{명사}} + \underline{\text{동사}}
$$

수 일치

 문장으로 적용하는 *Solving Strategy*

✐ 부분이나 전체를 나타내는 명사 → **of 뒤에 명사와 수 일치 (o)**

1 Most **of the houses is**(→ **are**) out of our price bracket.

2 Some **of the bacteria lives**(→ **live**) on our skin permanently.

3 One-third **of American workers is**(→ **are**) considering a career change.

4 All **of his friends is**(→ **are**) honest and generous.

해석

1 대부분의 집들은 우리의 가격대를 벗어난다.
2 그 박테리아의 일부는 우리의 피부에서 영원히 산다.
3 미국 노동자의 삼분의 일이 직업 변경을 고려하는 중이다.
4 그의 친구들 전부는 정직하고 너그럽다.

적중 포인트 042 A and B와 수 일치

시험중요도 ★

 빠르게 문제 푸는 *Solving Strategy*

◎ A and B는 원칙적으로 복수 취급해서 **복수 동사**와 수 일치를 확인한다.
◎ 단일 개념을 의미하는 A and B는 **단수 동사**와 수 일치를 확인한다.

 적중 포인트 *핵심 이론* *Summary*

• 단일 개념을 의미하는 A and B의 수 일치

bread and butter	버터 바른 빵	
trial and error	시행착오	
slow and steady	느리지만 꾸준히 하는 것	+ 단수 동사
all work and no play	일만 하고 놀지 않는 것	
early to bed and early to rise	일찍 자고 일찍 일어나는 것	

 문장으로 적용하는 *Solving Strategy*

✎ A and B → **복수 동사 (o)**
1 Chloe and Henry **need** a passport and visa.

✎ 단일 개념을 의미하는 A and B → **단수 동사 (o)**
2 Trial and error ~~are~~(→ is) a fundamental method of problem solving.

3 Early to bed and early to rise ~~make~~(→ makes) a man healthy, wealthy, and wise.

해석

1 Chloe와 Henry는 여권과 비자가 필요하다.
2 시행착오는 문제 해결의 근본적인 방법이다.
3 일찍 자고 일찍 일어나는 것은 사람을 건강하고, 부유하며, 현명하게 만든다.

적중 포인트 043 혼동하기 쉬운 주어와 동사 수 일치 시험중요도 ★★★★

✓ 빠르게 문제 푸는 Solving Strategy

- 주어 자리에 number와 many가 쓰인다면 동사와 수 일치를 주의한다.
- statistics는 의미에 따라 단수 또는 복수 동사와 수 일치하므로 주의한다.
- 「There be 동사/1형식 자동사」는 뒤에 나온 명사와 수 일치 한다.
- 집합 명사는 해석에 따라서 전체 개념을 지칭하면 단수 취급하고 지칭 대상이 집합 명사 안의 여러 구성 요소들이면 복수 취급한다.

✓ 적중 포인트 핵심 이론 Summary

● 혼동하기 쉬운 주어와 동사 수 일치

주어		동사	해석
the number of	복수 명사	단수 동사	명사의 수
a number of		복수 동사	많은 명사
many a	단수 명사	단수 동사	많은 명사
many	복수 명사	복수 동사	
statistics		복수 동사	통계자료, 통계
statistics		단수 동사	통계학
「There be동사/1형식 자동사 + 명사」 구조		be동사 뒤에 나오는 명사와 be동사 수 일치	
team, committee, audience, family		의미에 따라 단수 동사 또는 복수 동사와 수 일치	

✔ 문장으로 적용하는 *Solving Strategy*

✎ 'the number of 복수명사' → **복수 동사 (x) 단수 동사 (o)**

1 The number of accidents ~~are~~(→ is) proportionate to the increased volume of traffic.

✎ 'many a 단수 명사' → **복수 동사 (x) 단수 동사 (o)**

2 Many a prominent man ~~were~~(→ was) purged from public office.

✎ statistics(통계자료, 통계) → **복수 동사 (o)**, statistics(통계학) → **단수 동사 (o)**

3 Statistics **show** that the population of this city has doubled in ten years.

4 Statistics **is** taught in most colleges.

✎ team, committee, audience, family
→ 전체 개념을 지칭하면 **단수 동사 (o)**, 구성요소(구성원)를 지칭하면 **복수 동사 (o)**

5 The **committee** **consists of** ten members.

6 This **team** usually **work** late on Fridays.

✎ 「There **be동사/1형식 자동사** + 명사」 구조
→ be동사/1형식 자동사 뒤에 나온 명사와 be동사 **수 일치 확인**

7 There ~~is~~(→ are) a number of books to read.

8 There ~~were~~(→ was) a fire in the building, but thankfully no one was hurt.

Chapter
05

해석

1 사고 건수는 늘어나는 교통량에 비례한다.
2 많은 저명한 사람들이 공직에서 추방되었다.
3 통계에 의하면 이 도시의 인구는 10년 동안에 2배로 늘어났다.
4 통계학은 대부분 대학에서 가르치고 있다.
5 그 위원회는 열 명으로 구성되어 있다.
6 이 팀은 일반적으로 금요일에 늦게까지 일한다.
7 읽을 책들이 많다.
8 그 건물 내에서 화재가 있었는데 다행스럽게도 아무도 다치지 않았다.

적중 포인트 044 주어 자리에서 반드시 단수 또는 복수 취급하는 특정 표현 시험중요도 ★★★

✓ 빠르게 문제 푸는 *Solving Strategy*

- 🎯 **명사구**와 **명사절**은 **단수 동사**와 수 일치를 확인한다.
- 🎯 **every**와 **each**는 **단수 동사**와 수 일치를 확인한다.
- 🎯 **either**과 **neither**은 **단수 동사**와 수 일치를 확인한다.
- 🎯 **one** 이 복수명사는 **단수 동사**와 수 일치를 확인한다.
- 🎯 **거리, 금액, 무게, 시간**은 보통 **단수 동사**와 수 일치를 확인한다.
- 🎯 **학문명**과 **병명**은 **단수 동사**와 수 일치를 확인한다.
- 🎯 **'the 형용사'**가 '**~한 사람들**'로 해석될 경우 **복수 동사**와 수 일치를 확인한다.
- 🎯 **the police**는 **복수 동사**와 수 일치를 확인한다.

✓ 적중 포인트 *핵심 이론 Summary*

● **구와 절은 단수 취급**

명사구	동명사구, to부정사구, 의문사구	+ 단수 동사
명사절	that절, what절, whether절, 의문사절, 복합관계대명사절	

● **특정 표현의 수 일치**

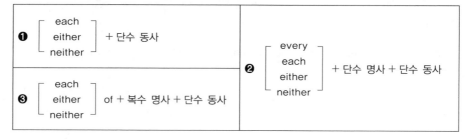

❶ each / either / neither + 단수 동사

❷ every / each / either / neither + 단수 명사 + 단수 동사

❸ each / either / neither of + 복수 명사 + 단수 동사

● **학문명과 병명은 단수 취급**

학문명	linguistics 언어학	mathematics 수학	+ 단수 동사
	politics 정치학	statistics 통계학	
병명	measles 홍역 diabetes 당뇨병 rabies 광견병		

문장으로 적용하는 *Solving Strategy*

✎ 명사구와 명사절의 수 일치 → **복수 동사 (x) 단수 동사 (o)**

[1] Reading these essays **were**(→ **was**) an elevating experience.

[2] Whether it is a good plan or not **are**(→ **is**) a matter for argument.

✎ each와 every는 단수 명사 수식 → **복수 동사 (x) 단수 동사 (o)**

[3] Each ticket **admit**(→ **admits**) one adult.

[4] Every boy **want**(→ **wants**) to own a bicycle.

✎ one of 복수명사, each of 복수명사 → **복수 동사 (x) 단수 동사 (o)**

[5] One of the blessings of country life **are**(→ **is**) lack of traffic.

[6] Each of us **take**(→ **takes**) responsibility for our own actions.

✎ 거리, 금액, 무게, 시간 주어 → **복수 동사 (x) 단수 동사 (o)**

[7] Ten dollars **are**(→ **is**) a great deal of money to a child.

✎ 학문명과 병명 → **복수 동사 (x) 단수 동사 (o)**

[8] Mathematics **are**(→ **is**) given a great deal of weight on the entrance examination.

[9] Diabetes **are**(→ **is**) by far most frequent among overweight persons.

✎ the 형용사(~한 사람들) → **단수 동사 (x) 복수 동사 (o)**

[10] The rich **has**(→ **have**) also been spending more on luxury products.

[11] The disadvantaged **is**(→ **are**) helped by government programs.

해석

[1] 이 산문들을 읽는 것은 정신을 고양시키는 경험이었다.
[2] 그것이 좋은 계획인지 아닌지는 논쟁의 여지가 있다.
[3] 표 한 장으로 어른 한 명이 입장할 수 있다.
[4] 모든 사내아이들은 자전거를 갖고 싶어 한다.
[5] 시골 생활의 축복 중 하나는 교통량이 적은 것이다.
[6] 우리들 각자가 자신의 행위에 대해 책임을 진다.
[7] 10달러는 아이에게 큰 돈이다.
[8] 입학 시험에서는 수학의 비중이 매우 크다.
[9] 당뇨병은 과체중인 사람들 사이에서 단연코 가장 빈번하다.
[10] 부자들은 또한 명품에 더 많은 돈을 사용해왔다.
[11] 불우한 사람들은 정부 프로그램을 통해 원조를 받는다.

Chapter 05

✓ 적중 포인트 *Level-up Exercise 01*

※ 다음 밑줄 친 부분이 옳으면 O, 옳지 않으면 X하고 올바르게 고치세요.

01 The homeless desperately <u>need</u> shelter and support during harsh weather conditions. ☐O☐X

02 How you live your life significantly <u>influence</u> your career. ☐O☐X

03 Each participant <u>receive</u> a certificate of participation at the end of the workshop. ☐O☐X

04 Every employee he introduced <u>was</u> highly skilled and brought a unique talent to the team. ☐O☐X

✓ 적중 포인트 *Level-up Exercise 02*

※ 밑줄 친 부분에 들어갈 말로 적절한 것을 고르시오.

05 Making time for exercise every day _____ both physical and mental health.

① improvement   ② improves   ③ to improve   ④ have improved

06 Some of the furniture in the living room _____ to be replaced due to wear and tear over the years.

① needs   ② needing   ③ need   ④ necessary

07 Diabetes _____ people of all ages and backgrounds, necessitating constant vigilance to prevent complications.

① to affect   ② affects   ③ affect   ④ affecting

08 There was _____ of a significant breakthrough in medical research yesterday, which has sparked optimism among researchers worldwide.

① news   ② new   ③ newly   ④ a news

적중 포인트 Level-up Exercise 01 & 02 정답

01 O	**02** X influences	**03** X receives	**04** O
05 ②	**06** ①	**07** ②	**08** ①

적중 포인트 *CHECK-UP*

  신경향 출제 예상 문제 *Preview*

Q1 다음 밑줄 친 부분 중 어법상 옳지 않은 것은?

In the dynamic world of fashion, trends constantly ① <u>are disappeared</u>, only to be replaced by new styles ② <u>that capture</u> the public's imagination. This rapid cycle of change challenges designers to innovate continually and stay ③ <u>ahead of</u> the curve. The ephemeral nature of fashion trends also keeps consumers eager and engaged, always ④ <u>looking for</u> the next big thing.

Q2 다음 밑줄 친 부분에 들어갈 말로 가장 적절한 것은?

Thousands of products _____ each day in factories around the globe, ranging from electronics to clothing and food items.

① are made of
② are made
③ made
④ make

✔ 신경향 출제 예상 문제 *Pen Checking*

Q1 다음 밑줄 친 부분 중 어법상 옳지 않은 것은?

In the dynamic world of fashion, trends constantly ① are disappeared [dɪsppear
→ !형식 자동사는 수동태 구조로 쓰이지 않음.] , only to be replaced by new styles ② that
capture the public's imagination. This rapid cycle of change challenges
designers to innovate continually and stay ③ ahead of the curve. The
ephemeral nature of fashion trends also keeps consumers eager and engaged,
always ④ looking for the next big thing.

Q2 다음 밑줄 친 부분에 들어갈 말로 가장 적절한 것은?

Thousands of products 동사 자리 each day in factories around the globe, ranging
from electronics to clothing and food items.

① are made of [×]

→ be made of는 '~로 만들어 지다'라는 의미로 목적어를 취함.

② are made [○]

→ 타동사 뒤에 목적어 없으면 수동태 구조로 씀.

③ made [×]

→ 과거분사는 수식어 자리에 쓰임.

→ 과거 시제 타동사는 목적어를 취함.

④ make [×]

→ 타동사는 목적어를 취함.

해석

Q1 패션의 역동적인 세계에서는 트렌드가 지속적으로 사라지고, 대중의 상상력을 사로잡는 새로운
스타일로 대체된다. 이 신속한 변화의 주기는 디자이너들에게 지속적으로 혁신하고 선도해야
한다는 도전을 제공한다. 패션 트렌드의 덧없는 성격은 소비자들이 항상 다음 큰 것을 찾고 기
다리며 흥미를 유지하게 한다.

Q2 매일 전 세계의 공장에서 전자제품부터 의류와 식품까지 다양한 제품들이 수천 개씩 생산된다.

적중 포인트 045 능동태와 수동태의 차이 시험중요도 ★★★★★

✔ 빠르게 문제 푸는 *Solving Strategy*

❂ 사물이 **주어 자리**에 나오는 경우 수동태 「be+p.p.」 **구조**로 잘 쓰인다.
❂ **수동태** 구조에서는 p.p.자리에 위치하는 동사가 **타동사**이고 뒤에 **목적어가 없는지** 확인한다.
❂ 동사가 완료 시제이면서 능동태를 의미하는 have p.p.로 쓰이면 수동태를 의미하는 have been p.p. **구조가 되어야 하는지** 확인한다.

✔ 적중 포인트 *핵심 이론 Summary*

• 능동태와 수동태의 차이

능동태(active voice)	수동태(passive voice)
주어가 어떤 일을 스스로 한다는 의미를 나타내는 문장	주어가 어떤 일을 당한다는 의미를 나타내는 문장

• 수동태 구조의 3요소

> 수동태 문장은 '주어 + be(시제 표시) + p.p.(타동사 뒤에 목적어 없음)'로 구성된다.

✔ 문장으로 적용하는 *Solving Strategy*

✐ **타동사 뒤에 목적어가 없을 때 → 수동태 (o)**
① This view **holds**(→ **is held**) by the generality of leading scholars.

✐ **「be p.p.」구조 → 목적어 (x)**
② All work **was produced it** by the students under the direction of John Williams.

✐ **타동사 뒤에 목적어 없으면 have p.p. (x) → have been p.p. (o)**
③ You **have described**(→ **have been described**) as the world's greatest violinist.

해석

① 이런 견해는 주요 학자들 대부분이 갖고 있다.
② 모든 작업은 John Williams의 지휘하에 학생들이 했다.
③ 당신은 세계에서 가장 위대한 바이올린 연주자로 묘사되어 왔다.

적중 포인트 046 수동태 불가 동사

시험중요도 ★★★★

 빠르게 문제 푸는 *Solving Strategy*

💿 1형식, 2형식 자동사는 능동의 의미만 가능하고 수동태 구조는 불가능하므로 능동태 구조로 쓰였는지 확인한다.

💿 특정 3형식 타동사는 수동태 구조가 불가능하므로 반드시 능동태 구조로 쓰였는지 확인한다.

 적중 포인트 *핵심 이론 Summary*

• 수동태 불가 동사

	occur 일어나다	be occurred (×)	sit 앉다	be sat (×)
	happen 일어나다	be happened (×)	die 죽다	be died (×)
	take place 일어나다	be taken place (×)	exist 존재하다	be existed (×)
1형식 자동사	appear 나타나다	be appeared (×)	fall 떨어지다	be fallen (×)
	disappear 사라지다	be disappeared (×)	emerge 나타나다	be emerged (×)
	rise 일어나다	be risen (×)	lie 눕다, 놓여있다	be lain (×)
	arise 생기다	be arisen (×)	lie 거짓말하다	be lied (×)
2형식 자동사	look + 형용사 ~처럼 보이다	be looked 형용사 (×)	seem ~인 것같다	be seemed (×)
	taste + 형용사 ~한 맛이 나다	be tasted 형용사 (×)	remain 남다, 남아있다	be remained (×)
특정 3형식 타동사	resemble 닮다	be resembled (×)	consist of 구성되다	be consisted of (×)
	have 가지다	be had (×)	result in 야기하다	be resulted in (×)
	lack 부족하다	be lacked (×)	result from (~의 결과로) 발생하다, 생기다	be resulted from (×)
	belong to 소유하다	be belonged to (×)	suffer from ~로 고통받다	be suffered from (×)

Chapter
06

✓ 문장으로 적용하는 *Solving Strategy*

✐ 1형식, 2형식 자동사 → be p.p. (x) 능동 (o)

1 Their marriage ~~was taken place~~(→ **took place**) in a local church.

2 At dusk bats ~~are appeared~~(→ **appear**) in vast numbers.

3 Junk food may ~~be tasted~~(→ **taste**) good but bad for your health.

✐ 특정 3형식 타동사 → 수동태 구조 (x)

4 They ~~are resembled~~(→ **resemble**) each other in shape.

5 Most books ~~are consisted of~~(→ **consist of**) several chapters.

6 The war ~~was resulted from~~(→ **resulted from**) a mistaken policy.

7 The house ~~was belonged to~~(→ **belonged to**) my grandfather.

해석

1 그들의 결혼식은 지역 교회에서 열렸다.
2 해 질 무렵이면 박쥐가 엄청나게 많이 나타난다.
3 정크 푸드는 맛이 좋을지는 모르지만 당신의 건강에 좋지 않다.
4 그것들은 모양이 서로 닮았다.
5 대부분의 책은 몇 개의 장으로 이루어져 있다.
6 그 전쟁은 그릇된 정책 때문에 일어났다.
7 그 집은 우리 할아버지의 것이었다.

적중 포인트 047 다양한 3형식 동사의 수동태 구조 시험중요도 ★★★★

 빠르게 문제 푸는 *Solving Strategy*

- 3형식 **타동사구**의 수동태 구조에서는 **전치사**가 있는지 반드시 확인한다.
- that절을 **목적어**로 취하는 3형식 타동사의 **수동태** 구조는 「It be p.p. that절」이므로 올바르게 쓰였는지 확인한다.

 적중 포인트 *핵심 이론 Summary*

• 다양한 3형식 동사의 수동태 구조

3형식 타동사구			
능동태	수동태	능동태	수동태
run over ~을 치다	be run over ∅	deal with ~을 다루다	be dealt with ∅
laugh at ~을 비웃다	be laughed at ∅	dispose of ~을 처리하다	be disposed of ∅
look after 돌보다	be looked after ∅	refer to 언급[지칭]하다	be referred to ∅
look at ~을 보다	be looked at ∅	take advantage of ~을 이용하다	be taken advantage of ∅
speak to ~에게 이야기를 걸다	be spoken to ∅	make use of ~을 이용하다	be made use of ∅
depend on rely on ~에 의존하다	be depended on ∅ be relied on ∅	speak well[ill] of 남을 좋게[나쁘게] 말하다	be spoken well[ill] of ∅

that절 목적어를 취하는 3형식 타동사	
능동태	수동태
주어 + believe + that절	It be believed that절
주어 + say + that절	It be said that절
주어 + know + that절	It be known that절
주어 + think + that절	It be thought that절

✓ 문장으로 적용하는 *Solving Strategy*

✎ 3형식 타동사구의 수동태 구조 → 전치사 (o)

1. These homeless children must **be looked after**.

2. Her request will **be dealt with** in due course.

3. They **were disposed of** in diverse ways.

✎ that절을 목적어로 취하는 3형식 타동사의 수동태 → It be p.p. that절 (o)

4. **It is believed that** the couple have left the country.

5. **It is said that** she found a secret book here.

해석

1. 이 집 없는 아이들은 보호를 필요로 한다.
2. 그녀의 요구 사항은 적절한 때에 처리될 것이다.
3. 그것들은 온갖 방법으로 처분되었다.
4. 그 부부가 그 나라를 떠난 것으로 여겨진다.
5. 그녀가 여기서 비밀의 책을 찾아 냈다고 한다.

적중 포인트 048 4형식 수여동사의 수동태 구조 시험중요도 ★★★

 빠르게 문제 푸는 *Solving Strategy*

◉ 4형식 수여동사가 쓰인 수동태 be p.p. 구조 뒤에는 직접목적어가 남아 있으므로 주의한다.

 적중 포인트 *핵심 이론 Summary*

• 4형식 수여동사의 수동태 구조

be given 직접목적어	be taught 직접목적어	be sent 직접목적어
be told 직접목적어	be awarded 직접목적어	be granted 직접목적어
be shown 직접목적어		
be allowed 직접목적어	be offered 직접목적어	be brought 직접목적어

문장으로 적용하는 *Solving Strategy*

✐ 4형식 수여동사의 수동태 구조 → be p.p. **직접목적어 (o)**

① She was given **a huge bunch of flowers**.

② At first, she was told **that her phone would be fixed for free**.

③ When you were offered **this role**, how did you feel?

④ She was awarded **the Nobel Peace prize**.

해석

① 그녀는 아주 큰 꽃다발을 받았다.
② 처음에는, 그녀는 그녀의 폰이 무상수리가 가능하다고 말을 들었다.
③ 이 역할을 제안받았을 때 기분이 어땠죠?
④ 그녀는 노벨 평화상을 수상했다.

적중 포인트 049 5형식 동사의 수동태 구조 · 시험중요도 ★★★★

 빠르게 문제 푸는 Solving Strategy

⚙️ 5형식 동사의 수동태 구조 be p.p. 뒤에는 목적격 보어가 올바른 형태로 남아 있는지 확인한다.
⚙️ 5형식 사역동사 have와 let은 수동태 구조로 쓰일 수 없고 오직 make만 수동태 구조가 가능하다.
⚙️ 5형식 사역동사와 지각동사가 수동태가 될 때 목적격 보어였던 원형 부정사는 to부정사로 전환해야 한다.

 적중 포인트 핵심 이론 Summary

• 대표 5형식 동사의 구조

능동태	수동태
ask 목적어 to부정사	be asked to부정사
allow 목적어 to부정사	be allowed to부정사
require 목적어 to부정사	be required to부정사
force 목적어 to부정사	be forced to부정사
encourage 목적어 to부정사	be encouraged to부정사
persuade 목적어 to부정사	be persuaded to부정사
permit 목적어 to부정사	be permitted to부정사
oblige 목적어 to부정사	be obliged to부정사

• 5형식 간주 동사의 구조

능동태	수동태
look upon + 목적어 + as 명사 / as 형용사	be looked upon + as 명사 / as 형용사
refer to + 목적어 + as 명사 / as 형용사	be referred to + as 명사 / as 형용사

• 5형식 사역동사, 지각동사의 수동태 구조

be made to부정사/과거분사 (O)	be made 동사원형 (×)
be seen to부정사/현재분사/과거분사 (O)	be seen 동사원형 (×)
be heard to부정사/현재분사/과거분사 (O)	be heard 동사원형 (×)

• 5형식 call, name의 수동태 구조

be called 명사	be named 명사
be elected 명사	be appointed 명사

✓ 문장으로 적용하는 *Solving Strategy*

✏ 대표 5형식 타동사의 수동태 구조 뒤에
→ 목적격 보어 **to부정사 (o)**
1 All children should **be encouraged to realize** their full potential.

✏ 5형식 간주 동사의 수동태 구조 뒤에
→ 목적격 보어 **명사나 형용사 (x) as 명사와 as 형용사 (o)**
2 The 21st century can **be referred to** ~~the digital age~~(→ **as the digital age**).

✏ 5형식 사역동사, 지각동사 수동태 구조 뒤에 → **원형부정사 (x)**
3 He **was seen** ~~enter~~(→ **to enter**) the building.

4 She **was seen** ~~run~~(→ **running**) away from the scene of the crime.

5 He **was made** ~~finish~~(→ **to finish**) the homework.

✏ 5형식 call, name의 수동태 구조
→ **be called 명사 (o), be named 명사 (o)**
6 Exactly what can **be called an offensive weapon** is still a grey area.

Chapter — 06

해석

1 모든 아동들이 자신의 잠재력을 충분히 발휘할 수 있도록 격려해야 한다.
2 21세기는 디지털 시대라고 할 수 있다.
3 그가 그 건물에 들어가는 것이 목격되었다.
4 그 범행 현장에서 그녀가 달아나는 것이 목격되었다.
5 그는 어쩔 수 없이 숙제를 끝냈다.
6 정확히 무엇을 공격용 무기라고 해야 할지는 아직 애매하다.

적중 포인트 050 전치사에 유의해야 할 수동태 시험중요도 ★★★

 빠르게 문제 푸는 *Solving Strategy*

◎ 수동태 구조 **be p.p.** 뒤에 **전치사에 주의할 표현**들이 있으므로 **전치사를 확인**한다.

 적중 포인트 *핵심 이론 Summary*

• 전치사에 주의할 수동태 구조

be known as 자격, 신분	~로서 알려져 있다
be known by 판단의 근거	~에 의해 알려지다[판단되다]
be known for 이유, 원인	~로 알려져 있다, ~로 유명하다
be known to 대상	~에게 알려져 있다

be concerned with	~에 관심[흥미]이 있다, ~에 관계가 있다
be concerned about	~에 대해 걱정[염려]하다, ~에 관심을 가지다

✔ **문장으로 적용하는** *Solving Strategy*

✎ be known은 **전치사에 주의한다.**

1 She **was known as(→ for)** the quickness of her wit.

2 A man **is known as(→ by)** the company he keeps.

3 The fact **is known as(→ to)** the general public.

해석

1 그녀는 두뇌 회전이 빠른 것으로 유명했다.
2 친구를 보면 그 사람을 알 수 있다.
3 그 사실은 일반 대중에게 알려져 있다.

✔ 적중 포인트 *Level-up Exercise 01*

※ 다음 밑줄 친 부분이 옳으면 O, 옳지 않으면 X하고 올바르게 고치세요.

01 Only guests over the age of 21 were allowed <u>attending</u> the wedding reception. ☐O☐X

02 She was granted <u>permission</u> to extend her vacation by a week. ☐O☐X

03 A press conference <u>held</u> to announce the company's new product launch. ☐O☐X

04 Students <u>were participated</u> actively in classroom discussions. ☐O☐X

✔ 적중 포인트 *Level-up Exercise 02*

※ 밑줄 친 부분에 들어갈 말로 적절한 것을 고르시오.

05 Dr. Smith _____ as the head of the department of neurology at the hospital.
① appoints
② was appointed
③ appointed
④ has appointed

06 The children's safety _____ by the school staff during the field trip.
① was taken care
② took care of
③ takes care
④ was taken care of

07 During the storm, the children _____ safe inside the sturdy shelter.
① to keep
② were kept
③ keeping
④ keeps

08 The actress, known for her integrity and talent, _____ a role model for young aspiring performers.
① looked upon as
② is looked upon as
③ looked upon
④ is looked upon

적중 포인트 Level-up Exercise 01 & 02 정답

01 X to attend	02 O	03 X was held	04 X participated
05 ②	06 ④	07 ②	08 ②

진가영 영어
단판승 문법 적중 포인트 100

진가영 영어연구소 | cafe.naver.com/easyenglish7

준동사

07 동명사

✓ **신경향 출제 예상 문제 Preview**

Q1 다음 밑줄 친 부분 중 어법상 옳지 않은 것은?

> The committee will consider ① <u>hiring</u> a new consultant to improve efficiency in the office. This decision stems ② <u>from</u> the need to streamline processes and enhance productivity across departments. By ③ <u>bring</u> in external expertise, the committee aims to implement innovative solutions ④ <u>that</u> address current challenges and support long-term growth.

Q2 다음 밑줄 친 부분에 들어갈 말로 가장 적절한 것은?

> _____ to new places broadens horizons and encourages cultural understanding, fostering lifelong learning and personal growth.

① Traveling
② Traveled
③ Being traveled
④ Travels

✓ 신경향 출제 예상 문제 *Pen Checking*

Q1 다음 밑줄 친 부분 중 어법상 옳지 않은 것은?

The committee will **consider** ① <u>hiring</u> a new consultant to improve efficiency in the office. This decision stems ② <u>from</u> the need to streamline processes and enhance productivity across departments. By ③ <u>bring</u> [bringing → 전치사는 명사 또는 동명사 목적어와 쓰임.] in external expertise, the committee aims to implement innovative solutions ④ <u>that</u> address current challenges and support long-term growth.

Q2 다음 밑줄 친 부분에 들어갈 말로 가장 적절한 것은?

주어 자리 to new places broadens horizons and encourages cultural understanding, fostering lifelong learning and personal growth.

① Traveling [○]

→ 동명사는 명사 역할을 하므로 문장의 주어, 목적어 자리에 쓰일 수 있음.

② Traveled [×]

→ 과거시제 동사와 과거분사는 문장의 주어 자리에 쓰일 수 없음.

③ Being traveled [×]

→ 자동사는 수동형으로 쓰일 수 없음.

④ Travels [×]

→ 동사는 문장의 주어 자리에 쓰일 수 없음.

Chapter 07

해석

Q1 위원회는 사무실의 효율성을 향상시키기 위해 새로운 컨설턴트 고용을 검토할 것이다. 이 결정은 부서간 프로세스를 간소화하고 생산성을 증대시키는 필요에서 비롯된다. 외부 전문가를 초빙함으로써, 위원회는 현재의 도전 과제를 해결하고 장기적 성장을 지원하는 혁신적인 해결책을 시행하고자 한다.

Q2 새로운 장소를 여행하는 것은 시야를 넓히고 문화적 이해를 증진시키며, 평생 학습과 개인 성장을 촉진한다.

적중 포인트 051 동명사의 명사 역할 시험중요도 ★★★★★

 빠르게 문제 푸는 Solving Strategy

◎ 동명사가 **주어, 목적어, 보어** 자리에 나오면 각각 **출제 포인트**를 확인한다.
◎ need, want, deserve 뒤의 **능동형 동명사** 목적어는 **수동의 의미**를 나타낸다.

✓ 적중 포인트 핵심 이론 Summary

● 동명사의 명사 역할

<table>
<tr><td rowspan="2">주어</td><td colspan="6">문장 처음에 주로 콤마(,) 없는 「동사원형 + ing」 구조가 나온다면 주어 역할을 하는 동명사이다.</td></tr>
<tr><td colspan="6">동명사 주어는 단수 동사와 수 일치한다.</td></tr>
<tr><td rowspan="10">목적어</td><td colspan="6">동명사는 특정 타동사 뒤에서 목적어 역할을 한다.</td></tr>
<tr><td colspan="6">전치사 뒤에는 to부정사가 아닌 동명사가 목적어 역할을 한다.</td></tr>
<tr><td colspan="6" align="center">〈동명사를 목적어로 취하는 특정 타동사〉</td></tr>
<tr><td>consider</td><td>고려하다</td><td>quit</td><td>그만두다</td><td>finish
complete</td><td>끝내다
완성하다</td></tr>
<tr><td>suggest</td><td>제안하다</td><td>keep (on)</td><td>계속하다</td><td>admit</td><td>인정하다</td></tr>
<tr><td>appreciate</td><td>감사하다</td><td>insist on</td><td>주장하다</td><td>allow</td><td>허락하다</td></tr>
<tr><td rowspan="2">include
involve</td><td rowspan="2">포함하다
연루시키다</td><td rowspan="2">give up
abandon</td><td rowspan="2">포기하다</td><td>reject</td><td>거절하다</td></tr>
<tr><td>deny</td><td>부인하다</td></tr>
<tr><td rowspan="3">enjoy</td><td rowspan="3">즐기다</td><td rowspan="3">delay
postpone
put off</td><td rowspan="3">미루다</td><td>practice</td><td>연습하다</td></tr>
<tr><td>mind</td><td>꺼리다</td></tr>
<tr><td>risk</td><td>위험을
무릅쓰다</td></tr>
<tr><td>보어</td><td colspan="6">동명사가 보어 역할을 하는 경우 주어와 동격 관계를 이룬다.</td></tr>
</table>

● 수동의 의미를 전달하는 능동형 동명사

need want deserve	to 부정사	능동 의미
	to be p.p. 또는 -ing	수동 의미

문장으로 적용하는 *Solving Strategy*

✎ 동명사 주어 → **복수 동사 (x) 단수 동사 (o)와 수 일치**

1 Keeping a diary ~~are~~(→ is) an everyday routine of mine.

✎ 특정 타동사 뒤에 목적어 역할 → **to부정사 (x) 동명사 (o)**

2 I could not avoid ~~to say~~(→ saying) so.

✎ 전치사의 목적어 역할 → **to부정사 (x) 동명사 (o)**

3 We shared warmth by ~~to help~~(→ helping) the neighbors in need.

✎ 동명사 주격 보어는 주어와 동격 관계

4 His aptitude is taking care of children.

✎ need/want/deserve의 능동형 동명사 목적어 → **수동 의미**

5 The car needs **repairing**.

6 The plants want **watering** daily.

7 The problem deserves **solving**.

Chapter
07

해석

1 일기 쓰기는 나의 일상적인 일과이다.
2 나는 그렇게 말하지 않을 수 없었다.
3 우리는 불우이웃을 도우며 훈훈한 정을 나눴다.
4 그의 적성은 아이들을 돌보는 것이다.
5 그 자동차는 수리될 필요가 있다.
6 그 화초들은 매일 물을 주어야 한다.
7 그 문제는 풀어볼 만한 가치가 있다.

적중 포인트 052 동명사의 동사적 성질   시험중요도 ★★★

 빠르게 문제 푸는 *Solving Strategy*

◎ 동명사는 **의미상 주어**를 취할 수 있고, **목적어와 보어**를 취할 수 있으며, **시제와 태를 표시**할 수 있고 **부사의 수식**을 받는다. 이런 동명사의 **동사적 성질**을 암기하고 적용한다.

 적중 포인트 *핵심 이론 Summary*

● 동명사의 동사적 성질

동명사의 부정	동명사의 부정은 동명사 앞에 not, never를 둔다. → not/never 동명사		
동명사의 의미상 주어	동명사의 의미상 주어가 문장의 주어나 목적어와 일치 → 따로 표시하지 않는다.		
	동명사의 의미상 주어가 문장의 주어나 목적어와 일치하지 않을 때 → **동명사의 의미상 주어는 동명사 앞에 표시한다.**		
	• 생물 - 소유격, 목적격		
	• 무생물 - 목적격		
동명사의 시제와 태	시제 \ 태	능동 [자동사] [타동사 + 목적어]	수동 [타동사 + ∅]
	단순 [본동사의 시제와 같거나 그 이후의 시제]	-ing	being p.p.
	완료 [본동사의 시제보다 앞선 시제]	having p.p.	having been p.p.

✓ 문장으로 적용하는 *Solving Strategy*

✍ 동명사의 부정 → not/never 동명사

1. Digital hermits have reasonable reasons for **not using** the Internet.

✍ 동명사의 의미상 주어 → 소유격 또는 목적격 (o)

2. We appreciate **your** pointing out the problem with the delivery.

3. They built a wall to avoid **soil** being washed away.

✍ 동명사가 자동사일 때 → 수동 (x) 능동 (o)

4. He faced the necessity of ~~being appeared~~(→ **appearing**) in court.

✍ 동명사가 타동사일 때 목적어가 없는 경우 → 능동 (x) 수동 (o)

5. He really wanted to stop people from ~~attacking~~(→ **being attacked**).

6. My father died without ever ~~having treated~~(→ **having been treated**) with proper medication.

✍ 본동사의 시제보다 동명사의 시제가 더 앞설 때
→ 단순형 동명사 (x) 완료형 동명사 (o)

7. I am sure of her ~~being honest~~(→ **having been honest**) when young.

해석

1. 디지털 은둔자는 인터넷을 사용하지 않는 타당한 이유가 있다.
2. 배송에 대한 문제를 지적해주셔서 감사합니다.
3. 그들은 흙이 씻겨 나가는 것을 방지하기 위해 담을 쌓았다.
4. 그는 법정에 출두할 필요성에 직면했다.
5. 그는 진심으로 사람들이 공격받는 것을 멈추고 싶다.
6. 아버지는 제대로 된 약 한 번 못 써 보고 돌아가셨다.
7. 나는 그녀가 젊었을 때 정직했다고 확신한다.

적중 포인트 053 암기해야 할 동명사 표현   시험중요도 ★★★★★

 빠르게 문제 푸는 *Solving Strategy*

◉ **특정 표현**에서 **전치사 to** 뒤에 **명사**나 **동명사**가 나왔는지 확인한다.
◉ **동명사 관용 표현**은 해석이 중요한 **영작 문제**로 자주 출제되므로 **뜻과 표현을 암기**해서 적용한다.

 적중 포인트 *핵심 이론 Summary*

● 전치사 to를 포함한 동명사 표현

look forward to		~을 기대하다
object to be opposed to have an objection to		~에 반대하다
what do you say to		~하는 게 어때
when it comes to with regard[respect] to as to	+ 명사/동명사	~에 관하여
with a view to		~하기 위하여, ~할 목적으로
be used to be accustomed to		~에 익숙하다
contribute to		~에 기여하다, 공헌하다
be devoted to be dedicated to be committed to		~에 전념하다
be tied to		~에 얽매여 있다, 엮이다[관련이 있다]
be addicted to		~에 빠지다[중독되다], 탐닉하다
be exposed to		~에 노출되다

●동명사 관용 구문

It is no use[good] -ing There is no use -ing It is useless[of no use] to부정사	~해도 소용없다
There is no -ing It is impossible to부정사	~하는 것은 불가능하다
cannot help -ing cannot (help/ choose) but R have no choice[option, alternative] but to부정사	~하지 않을 수 없다 ~할 수 밖에 없다
be on the verge[edge, point, brink] of -ing be about to부정사	막 ~하려고 하다 ~하기 직전이다
nearly[narrowly] escape (from) -ing come[go] near (to) -ing	~하마터면 (거의) …할 뻔하다
have difficulty[trouble, a hard time] -ing	~하는 데 어려움을 겪다
It goes without saying that절 It is needless to say that절	~은 말할 필요도 없다
make a point of -ing be in the habit of -ing make it a rule to부정사	~하는 것을 규칙으로 삼다
부정어 ~ without -ing 부정어 ~ but 주어 + 동사	~하면 반드시 …하다
spend/waste 시간/돈 (in) -ing 주의 spend/waste 시간/돈 on 명사	~하는 데 시간/돈을 쓰다
feel like -ing feel inclined to부정사	~하고 싶다
be worth -ing be worthy of -ing	~할 가치가 있다
be busy (in) -ing	~하느라 바쁘다
go -ing	~하러 가다
end up -ing wind up -ing	결국 ~하게 되다
on[upon] -ing	~하자마자
by -ing	~함으로써
in -ing	~할 때, ~하는 데 있어서

Chapter
07

✔ 문장으로 적용하는 *Solving Strategy*

✐ 특정 표현에서 전치사 to 뒤 → **동사원형 (x) 명사나 동명사 (o)**

1 I look forward to receive(→ **receiving**) this information.

2 The workers objected to work(→ **working**) nights.

3 What do you say to give(→ **giving**) it a shot?

4 When it comes to get(→ **getting**) things done, he's useless.

5 He has bought land with a view to build(→ **building**) a house.

✐ 동명사 관용 구문 → **to부정사 (x) 동명사 (o)**

6 It is no use to/try(→ **trying**) to excuse yourself.

7 There is no to know(→ **knowing**) what will happen in the future.

8 They are on the verge to sign(→ **of signing**) a new contract.

9 The child nearly escaped from to be(→ **being**) run over by a car.

해석

1 나는 이 정보를 받기를 기대한다.
2 종업원들은 야근에 이의를 제기했다.
3 한번 시도해 보는 게 어때?
4 일을 성사시키는 것에 관한 한 그는 쓸모가 없다.
5 그는 집을 짓기 위해 땅을 샀다.
6 자신을 변명해도 소용이 없다.
7 장차 무슨 일이 일어날지 전혀 알 수 없다.
8 그들은 새로운 계약서에 서명을 하기 직전에 있다.
9 그 아이는 하마터면 차에 치일 뻔했다.

✔ 적중 포인트 *Level-up Exercise 01*

※ 다음 밑줄 친 부분이 옳으면 O, 옳지 않으면 X하고 올바르게 고치세요.

01 She completed all her assignments on time except <u>submit</u> the final report.

O X

02 The team finished <u>to decorate</u> the venue for the party in record time.

O X

03 <u>Not cleaning</u> the office regularly leads to a buildup of dust and allergens.

O X

04 I believe his advice is worth <u>following</u>, given his extensive experience.

O X

✔ 적중 포인트 *Level-up Exercise 02*

※ 밑줄 친 부분에 들어갈 말로 적절한 것을 고르시오.

05 The broken machine _____ before the production line can resume.
① needs to fix
② needs fixed
③ needs being fixed
④ needs fixing

06 The team is proud of _____ energy consumption efforts, which have significantly lowered utility bills.
① their reduce
② their reducing
③ reduction
④ to reduce

07 He was devoted _____ collaboration between government agencies and local businesses.
① to fostering
② to foster
③ fostering
④ foster

08 The teacher insists on students _____ their hands before speaking in class.
① raise
② raising
③ raised
④ to raise

적중 포인트 Level-up Exercise 01 & 02 정답

01 X submitting	**02** X decorating	**03** O	**04** O
05 ④	**06** ②	**07** ①	**08** ②

08 분사

> 적중 포인트 054 | 분사 판별법[현재분사 VS 과거분사] ★★★★★
> 적중 포인트 055 | 감정 분사와 분사형 형용사 ★★★★★
> 적중 포인트 056 | 여러 가지 분사구문 ★★★★★
> 적중 포인트 057 | 분사의 동사적 성질 ★★★★
> 적중 포인트 058 | 분사를 활용한 표현 및 구문 ★★★★

 신경향 출제 예상 문제 *Preview*

Q1 다음 밑줄 친 부분 중 어법상 옳지 않은 것은?

The bustling city streets were ① alive with the sounds of traffic and chatter. People hurried along the sidewalks, lost in their own thoughts or engaged in animated conversations. ② Among them, she walked with a sense of purpose, her mind racing with the day's agenda. ③ Walked down the street, she noticed a childhood friend she ④ hadn't seen in years.

Q2 다음 밑줄 친 부분에 들어갈 말로 가장 적절한 것은?

She carefully reviewed the report, highlighting key findings _____ during the investigation.

① identify
② identified
③ identifying
④ be identified

✓ 신경향 출제 예상 문제 *Pen Checking*

Q1 다음 밑줄 친 부분 중 어법상 옳지 않은 것은?

The bustling city streets were ① <u>alive</u> with the sounds of traffic and chatter. People hurried along the sidewalks, lost in their own thoughts or engaged in animated conversations. ② <u>Among</u> them, she walked with a sense of purpose, her mind racing with the day's agenda. ③ <u>Walked</u> [walking ➡ 수식어 자리에 쓰이는 과거분사는 타동사 뒤에 목적어가 없고 수동의 의미를 나타낼 때 쓰일 수 있으므로 walk와 같은 자동사는 현재분사의 형태로 쓰여야 함.] down the street, she noticed a childhood friend she ④ <u>hadn't seen</u> in years.

Q2 다음 밑줄 친 부분에 들어갈 말로 가장 적절한 것은?

She carefully reviewed the report, highlighting key findings 수식어 자리 during the investigation.

① identify [×]

➡ 동사는 수식어 자리에 쓸 수 없음.

② identified [○]

➡ 수식어 자리에 쓰일 수 있는 과거분사는 목적어 없이 쓰이며 수동의 의미를 나타냄.

③ identifying [×]

➡ 수식어 자리에 쓰일 수 있는 분사 중에서 현재분사는 능동의 의미를 나타냄.

④ be identified [×]

➡ 동사는 수식어 자리에 쓸 수 없음.

Chapter
08

해석

Q1 사람들은 서둘러 인도를 따라갔고, 그들만의 생각에 빠지거나 활기찬 대화에 참여했다. 그들 중에서, 그녀는 목적의식을 가지고 걸었고, 머릿속에서는 하루의 일정이 빠르게 돌아가고 있었다. 거리를 걸으면서, 그녀는 그녀가 몇 년 동안 보지 못했던 어린 시절 친구를 발견했다.

Q2 그녀는 조사 과정에서 확인된 주요 결과를 강조하면서 보고서를 주의 깊게 검토했다.

적중 포인트 054 분사 판별법[현재분사 vs 과거분사] 시험중요도 ★★★★★

✓ 빠르게 문제 푸는 *Solving Strategy*

◉ **형용사**나 **부사** 역할을 하는 **현재분사** 또는 **과거분사**가 나오면 **어떤 분사가 적절한지** 분사 판별법을 통해 확인한다.

✓ 적중 포인트 *핵심 이론 Summary*

• 분사 판별법 [현재분사 vs 과거분사]

해석		분사의 수식을 받는 명사가 행동한다는 **능동**의 의미인 경우 → **현재분사**
		분사의 수식을 받는 명사가 행동당하는 **수동**의 의미인 경우 → **과거분사**
문법	자동사	항상 능동의 의미 → 현재분사
	타동사	타동사가 목적어를 취하고 있으면 → 현재분사
		타동사가 목적어를 취하고 있지 않으면 → 과거분사

✓ 문장으로 적용하는 *Solving Strategy*

✎ 분사의 수식을 받는 명사가 행동하면 → **현재분사로 수식**
  분사의 수식을 받는 명사가 행동당하면 → **과거분사로 수식**

1. He tried to soothe the **cried**(→ **crying**) child.

2. The **wounding**(→ **wounded**) soldier survived the crash.

✎ 자동사는 항상 능동의 의미 → **현재분사**
  타동사가 목적어를 취하고 있으면 → **현재분사**
  타동사가 목적어를 취하고 있지 않으면 → **과거분사**

3. Do you know the girl **smiled**(→ **smiling**) at you?

4. The town is full of rumors **surrounded**(→ **surrounding**) the incident.

해석

1. 그는 우는 아이를 달래려고 해보았다.
2. 상처를 입은 병사가 충돌사고에서 생존했다.
3. 당신을 보고 웃고 있는 소녀를 알고 있습니까?
4. 마을에 그 사건에 대한 소문이 무성하다.

적중 포인트 055 감정 분사와 분사형 형용사

시험중요도 ★★★★★

 빠르게 문제 푸는 *Solving Strategy*

◉ 감정 동사는 현재분사로 쓸지 과거분사로 쓸지 판단해야 한다.
◉ 시험에 나오는 특정한 분사형 형용사를 암기해서 확인해야 한다.

 적중 포인트 *핵심 이론 Summary*

● 감정 분사

| 감정 동사의 현재분사 | 감정을 유발시킨다는 의미, 주로 사물을 수식할 경우 |
| 감정 동사의 과거분사 | 감정을 느낀다는 의미, 사람을 수식할 경우 |

● 분사형 형용사

missing	사라진, 실종된, 분실된	challenging	도전적인
existing	기존의, 현존하는, 현행의	rewarding	보람 있는
lasting	영속적인, 지속적인	demanding	힘든, 요구가 많은
lacking	부족한, 결핍된	promising	유망한, 촉망되는
remaining	남아 있는, 남은	pressing	긴급한
leading	가장 중요한, 선도적인	drowned	물에 빠져 죽은

 문장으로 적용하는 *Solving Strategy*

✎ 감정을 유발시킨다는 의미, 주로 사물을 수식할 경우 → 과거분사 (x) 현재분사 (o)

1 The second half of the book is more **excited**(→ exciting).

2 In summary, this was a **disappointed**(→ disappointing) performance.

✎ 암기 분사는 올바른 형태를 확인한다.

3 This suggestion did not fit very happily with our **existed**(→ existing) plans.

해석

1 그 책의 후반부가 더 재미있다.
2 요컨대, 이것은 실망스러운 실적이었다.
3 이 제안이 우리의 기존 계획에 그렇게 적절히 들어맞지가 않았다.

Chapter 08

08

적중 포인트 056 여러 가지 분사구문 시험중요도 ★★★★★

 빠르게 문제 푸는 *Solving Strategy*

◉ **분사구문**이 나오면 분사의 **의미상 주어**를 올바르게 썼는지 먼저 확인한다.
◉ 분사구문은 **분사 판별법**을 통해 **현재분사**가 적절한지 **과거분사**가 적절한지 확인한다.

 적중 포인트 *핵심 이론 Summary*

• 분사구문

정의		부사절을 분사를 활용하여 부사구로 만든 것을 분사구문이라고 한다.
의미		분사구문은 시간, 이유, 조건, 양보, 부대상황의 의미를 전달한다.
분사구문의 주어		분사구문의 의미상 주어가 주절의 주어와 일치할 경우 따로 표시하지 않는다. 분사구문의 의미상 주어와 주절의 주어와 일치하지 않는 경우 분사 앞에 의미상 주어를 주격으로 표시한다.
위치	문두	ⓔ <u>Seeing me</u>, he ran away. 그는 나를 보고 도망쳤다.
	문중	ⓔ The boy, <u>smiling brightly</u>, helped me. 그 소년은 밝게 웃으며 나를 도와줬다.
	문미	ⓔ She sat down, <u>exhausted by the work</u>. 그녀는 그 일로 지쳐서 자리에 앉았다.

✔ **문장으로 적용하는** *Solving Strategy*

✎ 분사구문의 의미상 주어 ≠ 주절의 주어 → 의미상 주어는 **분사 앞에 표시**

1 Deforestation is a global problem, **affecting** wilderness regions.

2 ~~Being~~(→ **The machine being**) out of order, we sent for a mechanic.

✎ 날씨를 의미할 때 → being 앞에 **비인칭 주어 it 확인**

3 ~~Being~~(→ **It being**) fine, she went for a walk.

✎ ~이 있어서, ~이 없어서'를 의미할 때 → **there being 명사, there being no 명사**

4 ~~Being~~(→ **There being**) objection, the meeting adjourned.

해석 ◀

1 산림벌채는 세계적인 문제이며, 야생지역에 영향을 미치고 있다.
2 기계가 고장 나서, 우리는 기계공을 부르러 보냈다.
3 날씨가 좋아서, 그녀는 산책을 나갔다.
4 반대가 있어서, 회의는 연기되었다.

적중 포인트 057 분사의 동사적 성질

시험중요도 ★★★★

 빠르게 문제 푸는 *Solving Strategy*

◎ 분사구문은 **동사적 성질**을 가지고 있으므로 분사구문의 **의미상 주어, 시제**와 **태**를 주의한다.
◎ 분사구문의 **부정**은 분사 **앞에** not을 쓰고 분사는 **부사의 수식**을 받는다.

 적중 포인트 *핵심 이론 Summary*

• 분사의 동사적 성질

	태 시제	능동 [자동사], [타동사 + 목적어]	수동 [타동사 + ∅]
분사구문의 시제와 태	단순 [주절의 시제와 같거나 그 이후의 시제]	-ing	(being) p.p.
	완료 [주절의 시제보다 앞선 시제]	having p.p.	(having been) p.p.

 문장으로 적용하는 *Solving Strategy*

✐ 분사구문으로 쓰인 타동사 뒤에 목적어가 있는 경우 → **과거분사 (x) 현재분사 (o)**

1 I felt so awkward, not **known**(→ **knowing**) where to look.

✐ 분사구문으로 쓰인 타동사 뒤에 목적어가 없는 경우 → **현재분사 (x) 과거분사 (o)**

2 If **using**(→ **used**) wisely, leisure promotes health, efficiency, and happiness.

──────

해석

1 눈을 어디에 둘지 몰라 정말 난처했다.
2 여가는 현명하게 사용한다면 건강과 효율성, 행복을 증진시킨다.

Chapter — 08

적중 포인트 058 분사를 활용한 표현 및 구문　시험중요도 ★★★★

 빠르게 문제 푸는 *Solving Strategy*

◉ **접속사** 또는 **with**와 함께 **분사구문**이 사용되므로 **분사 판별법**에 따라서 올바른 분사의 형태를 확인한다.
◉ **분사구문**의 **다양한 표현**을 **암기**하고 올바르게 썼는지 확인한다.

 적중 포인트 *핵심 이론 Summary*

• 시간 · 조건 · 양보 접속사 분사구문

시간	when, while, until	
조건	if, unless	(1) 주어 + 동사 완전 구조
양보	though, although	(2) 분사구문[ing / p.p. / 형용사 / 전명구]

• with 분사구문[~가 …한 채로]

	명사 목적어	분사구문[ing / p.p. / 형용사 / 전명구 / 부사(on, off)]	
	arms	crossed	팔짱을 낀 채로
	legs	crossed	다리를 꼰 채로
	eyes	closed	눈을 감은 채로
with	mouth	open	입을 연 채로
	night	coming on	밤이 다가오면서
	the hat	on	모자를 쓴 채로
	boots	off	부츠를 벗은 채로
	your hands	in your pocket	주머니에 손을 넣은 채로

● 독립 분사구문

generally[strictly, frankly] speaking	일반적으로[엄격히, 솔직히] 말하면
regarding, concerning	~에 관하여[대하여]
considering (that)	~을 고려[감안]하면
given that	~을 고려하면
depending on	~에 따라
granting, granted (that)	~이라 할지라도
other[all] things being equal	다른[모든] 조건이 같다면
all things considered	모든 것을 고려해 볼 때
weather permitting	날씨가 좋으면, 날씨가 괜찮으면
judging from[by]	~으로 판단하건대[미루어 보아]

 문장으로 적용하는 *Solving Strategy*

✎ 시간 · 조건 · 양보 접속사 분사구문 → 현재분사 ⓥ 과거분사

1 Although ~~made~~(→ **making**) a mistake, he could be respected as a good teacher.

2 The worms reproduce well in captivity if ~~handling~~(→ **handled**) properly.

✎ with 분사구문의 목적격 보어 자리 → ing, p.p., 형용사, 전명구, on/off 가능

3 She stopped knitting to take some rest with her eyes ~~closing~~(→ **closed**).

4 He fell asleep with his hat **on**.

✎ 독립 분사구문 → 암기

5 She has said nothing **regarding** your request.

6 We'll have the party outside, **weather permitting**.

해석

1 비록 실수했지만, 그는 좋은 선생님으로 존경받을 수 있었다.
2 벌레는 적절히 다뤄지면 가둬진 상태에서 잘 번식한다.
3 그녀는 뜨개질하던 손을 놓고 잠시 눈을 감고 쉬었다.
4 그는 모자를 쓴 채로 잠이 들었다.
5 그녀가 당신의 요청에 대해서는 아무 말이 없었다.
6 날씨가 괜찮으면, 우리가 밖에서 파티할 것이다.

✔ 적중 포인트 *Level-up Exercise 01*

※ 다음 밑줄 친 부분이 옳으면 O, 옳지 않으면 X하고 올바르게 고치세요.

01 With the season <u>changed</u>, they packed away their summer clothes and brought out winter coats. ☐O☐X

02 The music flowed effortlessly from my fingers, each note <u>resonating</u> through the hall. ☐O☐X

03 The outdoor concert will go ahead as planned, <u>weather permitting</u>. ☐O☐X

04 <u>Having spent</u> all his money on the trip, he had to borrow some from his friend to buy groceries. ☐O☐X

✔ 적중 포인트 *Level-up Exercise 02*

※ 밑줄 친 부분에 들어갈 말로 적절한 것을 고르시오.

05 _____, farmers were concerned about the impact on their crops, implementing additional irrigation measures to protect against drought.
① Rising ② Raising temperatures
③ Temperatures rising ④ Raised

06 _____ so hot outside, they decided to stay indoors and enjoy the air conditioning.
① Being ② It being ③ There being ④ Having been

07 He stood by the door, with his arms _____ over his chest.
① crossed ② crossing ③ to cross ④ cross

08 During the meeting, everyone understood the guidelines _____ by the supervisor.
① mentioning ② to mention ③ to mentioning ④ mentioned

적중 포인트 Level-up Exercise 01 & 02 정답

| 01 X changing | 02 O | 03 O | 04 O |
| 05 ③ | 06 ② | 07 ① | 08 ④ |

MEMO

09 부정사

✔ 적중 포인트 *CHECK-UP*

✔ 신경향 출제 예상 문제 *Preview*

Q1 다음 밑줄 친 부분 중 어법상 옳지 않은 것은?

It is necessary ① submit the report by the end of the week to meet the deadline. This deadline is ② not merely a formality but a crucial milestone that ensures our progress and ③ credibility as a team. ④ Meeting this deadline enables us to receive timely feedback and iterate on our work.

Q2 다음 밑줄 친 부분에 들어갈 말로 가장 적절한 것은?

He believes that _____, one must always remain optimistic and never give up on their dreams.

① to be succeed
② success in life
③ succeed in life
④ to succeed in life

✔ 신경향 출제 예상 문제 *Pen Checking*

Q1 다음 밑줄 친 부분 중 어법상 옳지 않은 것은?

> It is essential ① <u>submit</u> [to submit ➔ 문장의 가주어인 It이 쓰이고, 이미 동사가 있으므로 진주어는 동사가 아닌 to부정사로 씀.] the report by the end of the week to meet the deadline. This deadline is ② <u>not merely</u> a formality but a crucial milestone that ensures our progress and ③ <u>credibility</u> as a team. ④ <u>Meeting</u> this deadline enables us to receive timely feedback and iterate on our work.

Q2 다음 밑줄 친 부분에 들어갈 말로 가장 적절한 것은?

> He believes that [수식어 자리], one must always remain optimistic and never give up on their dreams.

① to be succeed [×]

   ➔ be동사도 동사이고 succeed도 동사이므로 동사 중복으로 쓸 수 없음.

② success in life [×]

   ➔ 수식어 자리에 명사는 전명구로 써야 함.

③ succeed in life [×]

   ➔ 수식어 자리에 동사는 쓸 수 없음.

④ to succeed in life [○]

   ➔ to부정사는 부사적 용법으로 수식어 자리에 쓰임.

──────────

해석

Q1 마감일을 맞추기 위해서는 주말까지 보고서를 제출하는 것이 필수적이다. 이 마감일은 단순한 형식적인 것이 아니라 팀으로서의 발전과 신뢰성을 보장하는 중요한 이정표이다. 이 마감일을 달성하면 적시에 피드백을 받고 작업을 반복할 수 있다.

Q2 인생에서 성공하기 위해서는 항상 긍정적이어야 하고 꿈을 포기하지 말아야 한다고 그는 믿는다.

적중 포인트 059 원형부정사의 용법과 관용 표현 시험중요도 ★★

✔ 빠르게 문제 푸는 *Solving Strategy*

◉ **원형부정사**의 **용법**과 **관용 표현**을 확인하고 원형부정사가 올바르게 쓰였는지 확인한다.

✔ 적중 포인트 *핵심 이론 Summary*

• **원형부정사의 용법**

주격 보어	that절의 수식을 받고 있는 all, the only, the best 등이 주어인 경우이거나 관계대명사 what이 명사절 주어로 쓰였을 때 be 동사 뒤 주격 보어 자리에는 to가 생략된 원형부정사를 쓸 수 있다.
목적격 보어	5형식 지각동사와 사역동사의 목적어와 목적격 보어 관계가 능동일 경우에 목적격 보어 자리에 원형부정사를 쓴다.

• **원형부정사의 관용 표현**

do nothing but	~하기만 하다	let go of	~을 놓아주다
make do with	임시변통하다	let slip	누설하다, 놓치다
make believe	~인 체하다 주의 make it believe (×)		

✔ 문장으로 적용하는 *Solving Strategy*

✐ 주격 보어 자리에 원형부정사가 가능한 경우

1️⃣ **All** I have to do **is eat** carefully.
　S　　　　　　　　　　V₂ S.C

✐ 원형부정사의 관용 표현은 뜻을 암기

2️⃣ It's time to **let go of** the past.

3️⃣ I'll **make do with** tuna sandwiches.

해석

1️⃣ 내가 해야할 일은 조심스럽게 먹는 것이다.
2️⃣ 이제 과거는 버려야 할 때이다.
3️⃣ 나는 참치 샌드위치로 때울 것이다.

적중 포인트 060 to부정사의 명사적 역할   시험중요도 ★★★★

 빠르게 문제 푸는 *Solving Strategy*

◎ to부정사가 **주어, 목적어, 보어 역할**을 할 때 각각 출제 포인트를 확인한다.
◎ **특정 5형식 동사**는 'it' **가목적어** 'to부정사' **진목적어** 구문을 취할 수 있다.

 적중 포인트 *핵심 이론 Summary*

• to부정사의 명사적 역할

주어	to부정사는 주어 역할을 할 수 있고 단수 동사와 수 일치한다.				
	to부정사 주어를 뒤로 보내는 「가주어(it)−진주어(to부정사)」 구문으로 자주 쓰인다.				
목적어	to부정사는 특정 타동사 뒤에서 목적어 역할을 한다.				
	to부정사를 목적어로 취하는 특정 3형식 타동사				
	try	노력하다	hope	희망하다	fail	~하지 못하다
	want	원하다	plan	계획하다	decide determine resolve	결정하다
	seek	구하다	pretend	~인 체하다	tend	~하는 경향이 있다
	agree	동의하다	promise	약속하다	offer	제의하다 [말하다] 권고하다
	choose	선택하다	manage	해내다	afford	~할 여유 있다
	refuse	거절하다	dare	감히 ~하다	strive	노력하다
보어	to부정사가 보어 역할을 하는 경우 주어와 to부정사는 주어와 동격 관계를 이룬다.				

※ begin, start, like, love, hate는 목적어로 to부정사 또는 동명사 모두 취할 수 있다.
※ try는 '시도하다, 시험삼아 해보다'라는 의미일 경우에는 동명사 목적어를 취하므로 주의한다.
※ want는 수동의 의미일 때는 능동형 동명사가 올 수 있다.

2. 「mbcft 가목(it) 진목(to부정사)」 구문

5형식 동사	가목적어	목적격 보어	진목적어
make, believe, consider, find, think	it	형용사 / 명사	(for 목적어) to부정사
			that절

✅ 문장으로 적용하는 *Solving Strategy*

✍ to부정사 주어 + **복수 동사 (x)** → **단수 동사 (o)**

1 To assemble the toy car **are**(→ **is**) easy.

✍ 특정 타동사 뒤에 목적어 역할 **동명사 (x)** → **to부정사 (o)**

2 He managed **finishing**(→ **to finish**) the book before the library closed.

3 We seek **improving**(→ **to improve**) relations between our two countries.

✍ 주격 보어 자리에 to부정사 → 주어와 동격 의미

4 An unreasonable way to study is to do it by rote.

✍ '예정, 의무, 가능, 운명, 의도'의 의미 → **be to부정사 (o)**

5 He **is to arrive** here tomorrow afternoon.

6 If we **are to catch** the train, we have to leave now.

✍ 5형식 동사 'make, believe, consider, find, think'
→ **가목 it과 진목적어인 to부정사 또는 that절 확인**

7 This will **make hard**(→ **make it hard**) for professors and other students **to concentrate**.

해석

1 그 장난감 자동차를 조립하는 것은 쉽다.
2 그는 도서관이 문을 닫기 전에 가까스로 책을 다 읽었다.
3 우리는 우리 두 나라 사이의 관계 개선을 추구하고 있다.
4 기계적으로 외우는 것은 비합리적인 공부 방법이다.
5 그는 내일 오후에 여기 도착할 예정이다.
6 기차를 잡으려면, 우리는 지금 떠나야 한다.
7 이것은 교수들과 다른 학생들이 집중하는 것을 힘들게 할 것이다.

적중 포인트 061 to부정사의 형용사적 역할　시험중요도 ★★

 빠르게 문제 푸는 *Solving Strategy*

◉ to부정사가 **형용사** 역할을 할 때 **전치사**에 주의할 표현이 있으므로 확인한다.
◉ to부정사의 수식받는 **명사**가 to부정사의 **의미상 목적어**일 때 to부정사 뒤에 **목적어**가 **생략**되어 있는지 확인한다.

 적중 포인트 *핵심 이론 Summary*

• to부정사의 형용사적 역할

추상명사 + to부정사 구조			
reason to부정사	chance to부정사	plan to부정사	attempt to부정사
opportunity to부정사	effort to부정사	way to부정사	ability to부정사
to부정사 뒤에 전치사에 주의할 표현			
a house to live <u>in</u>	a garden to play <u>in</u>	paper to write <u>on</u>	money to live <u>on</u>
a toy to play <u>with</u>	a pen to write <u>with</u>	a friend to rely <u>on</u>	a chair to sit <u>on</u>

주의 to부정사가 명사를 수식할 때 타동사면 전치사가 필요 없음.

✔ 문장으로 적용하는 *Solving Strategy*

✎ 추상명사 + **to부정사 (o)**

[1] She made a visible effort **to control** her anger.

✎ to부정사 뒤에 **전치사에 주의할 표현**

[2] Have you purchased **a house ~~to live~~(→ to live in)** after you get married?

✎ to부정사의 수식을 받는 명사 = to부정사의 **의미상 목적어**
　→ to부정사 뒤의 **목적어 (x)**

[3] We still want students to have books **to read ~~them~~**.

해석

[1] 그녀는 화를 참으려고 눈에 띄게 애를 썼다.
[2] 결혼해서 살 집은 마련했어요?
[3] 우리는 학생들이 읽을 책이 계속 있기를 바란다.

적중 포인트 062 to부정사의 부사적 역할 `시험중요도 ★★`

 빠르게 문제 푸는 *Solving Strategy*

◎ to부정사가 **부사 역할**을 할 때 **여러 가지 의미**로 쓰일 수 있다.

 적중 포인트 *핵심 이론 Summary*

● to부정사의 부사적 역할

목적	to부정사, in order to부정사, so as to부정사	~하기 위해서
정도	형용사 + to부정사	~하기에
결과	grow up to부정사 live to부정사 wake to부정사	자라서 ~하다 살다 보니 ~하다 깨어보니 ~하다
	only to부정사 never to부정사	결국 ~하다 ~하지 못하다
감정 원인	감정 형용사 + to부정사	~해서
이유, 판단의 근거	추측을 뜻하는 조동사 (must 또는 cannot) + to부정사 감탄문 + to 부정사	~하다니

 문장으로 적용하는 *Solving Strategy*

✎ 형용사 + to부정사 → ~하기에
1 This river is **dangerous to swim in**.

✎ 감정 형용사 + to부정사 → ~해서
2 I was **disappointed to hear** that.

✎ 결국 ~하다 → **only to부정사 (o)**
3 He had tasted freedom **only to lose** it again.

> 해석
1 이 강은 수영하기에 위험하다.
2 나는 그것을 듣고 실망했다.
3 그는 자유를 맛보았지만 결국 다시 그것을 잃게 되었다.

적중 포인트 063 to부정사의 동사적 성질　　시험중요도 ★★★★

 빠르게 문제 푸는 *Solving Strategy*

◎ to부정사는 **동사적 성질**을 가지고 있으므로 확인한다.
◎ to부정사의 부정은 to부정사 **앞**에 **not, never**를 쓰고 to부정사는 **부사**의 **수식**을 받는다.

 적중 포인트 *핵심 이론 Summary*

● to부정사의 동사적 성질

to부정사의 부정	to부정사의 부정은 to부정사 앞에 not, never를 둔다. → not/never to부정사		
to부정사의 의미상 주어	to부정사의 의미상의 주어가 문장의 주어나 목적어와 일치 → 따로 표시 (×)		
	to부정사의 의미상의 주어가 문장의 주어나 목적어와 일치하지 않을 때 → to부정사의 의미상 주어는 to부정사 앞에 'for 목적격'으로 표시		
	단, **인성 형용사**를 포함한 구문에서는 'of 목적격'으로 표시 [인성 형용사] kind, wise, good, **thoughtful**, **considerate**, prudent, sensible, nice, smart, careful, **careless**, **foolish**, stupid, silly		
to부정사의 시제와 태	시제　　　　　　태	능동 [자동사] [타동사 + 목적어]	수동 [타동사 + ∅]
	단순 [본동사의 시제와 같거나 그 이후의 시제]	to + 동사원형	to be p.p.
	완료 [본동사의 시제보다 앞선 시제]	to have p.p.	to have been p.p.

Chapter
09

☑ 　**문장으로 적용하는** *Solving Strategy*

✎ to부정사의 부정은 → **not/never to부정사 (o)**

[1] He resolved ~~to not tell~~(→ **not to tell**) her the truth.

✎ 일반적으로 to부정사의 의미상 주어를 따로 표시할 경우 → **for 목적격 (o)**
　인성 형용사를 포함한 구문에서 의미상 주어 → **of 목적격 (o)**

[2] I should buy a book ~~of my son~~(→ **for my son**) to read.

[3] It was careless ~~for her~~(→ **of her**) to take the wrong bus.

✎ to부정사가 자동사인 경우 → **수동 (x) 능동 (o)**

[4] House prices are expected ~~to be risen~~(→ **to rise**) sharply.

✎ 본동사의 시제보다 to부정사의 시제가 더 앞설 때
　→ **단순형 to부정사 (x) 완료형 to부정사 (o)**

[5] He claims ~~to be~~(→ **to have been**) robbed **yesterday**.

해석

[1] 그는 그녀에게 진실을 말하지 않기로 다짐했다.
[2] 나는 내 아들이 읽을 책을 한 권 사야 한다.
[3] 그녀가 버스를 잘못 탄 것은 부주의했다.
[4] 주택 가격이 급등할 것으로 예상된다.
[5] 그는 어제 도둑을 맞았다고 주장한다.

적중 포인트 064 to부정사의 관용 구문

시험중요도 ★★★★

 빠르게 문제 푸는 *Solving Strategy*

◎ to부정사를 활용한 구문은 영작에서 자주 출제되므로 **의미**와 **특징**을 확인해야 한다.

 적중 포인트 *핵심 이론 Summary*

• to부정사를 활용한 구문

	too 형용사/부사 to부정사		
의미	~하기에 너무 …한, 너무 ~해서 …할 수 없다		
특징	to부정사의 목적어와 그 절의 주어가 같을 때 to부정사 뒤의 목적어는 생략한다.		
	too 형용사/부사 to부정사 구문에서 too를 so로 쓰지 않는다.		
	have no choice[option, alternative] but to 부정사		
의미	~할 수밖에 없다, ~하지 않을 수 없다		
특징	cannot help -ing, cannot (help/ choose) but 동사원형 구조도 같은 의미로 쓰인다.		
	┌it takes (사람) 시간 to부정사 └it takes 시간 (for 사람) to부정사		
의미	~하는 데 (시간이) …걸리다		
특징	가주어(it) 대신에 that이나 time을 주어로 쓰지 않는다.		
	┌the last man[person] to부정사 └know better than to부정사		
의미	~할 사람이 아니다, ~할 정도로 어리석지 않다		
특징	be above -ing, be far from -ing 구조도 비슷한 의미로 쓰인다.		
	make it a rule to부정사		
의미	~하는 것을 규칙으로 하다		
특징	it을 생략해서는 안 된다.		
	so 형용사/부사 as to부정사		형용사/부사 enough to부정사
의미	~하게도 …하다	특징	어순 중요
	not to mention, not to speak of, to say nothing of, let alone, needless to say		
의미	~은 말할 것도 없이		

난이 형용사(= hard, tough, difficult, easy) 구문		
It	be동사 + 난이 형용사 + (for 목적어)	to부정사
to부정사의 목적어		to부정사 ∅

Chapter —— 09

✔ 문장으로 적용하는 *Solving Strategy*

✎ 난이 형용사 구문 → 「It be 난이 형용사 to부정사」 (o)
1. It is difficult to keep up with the rapid pace of change.

✎ 「to부정사의 목적어 be 난이 형용사 to부정사」 구문 → to부정사 뒤 목적어 (x)
2. The legislation will be difficult to enforce it.

✎ '~하는 데 (시간이) … 걸린다'라는 to부정사 구문
→ 가주어 it 대신에 that이나 time을 주어 (x)
3. Normally, ~~that~~(→ it) takes me twenty minutes to get to work.

✎ 형용사/부사 enough to부정사 → 어순 중요
4. He's ~~enough old~~(→ old enough) to take care of himself.

✎ 해석이 중요한 to부정사 관용 구문 → 암기
5. He is the last person to be accused of theft.

6. You know better than to do that.

7. He is a great dancer, not to mention a talented singer.

8. He was so kind as to help me.

해석

1. 빠른 변화 속도를 따라가기가 힘들다.
2. 그 법률은 시행이 힘들 것이다.
3. 내가 출근하는 데 보통 20분 걸린다.
4. 그는 스스로를 돌볼 만큼 나이가 들었다.
5. 그는 절도의 혐의를 받을 만한 사람이 아니다.
6. 그런 일을 할 정도로 어리석지 않다.
7. 그는 춤을 굉장히 잘 춘다. 노래 실력은 말할 것도 없고.
8. 그는 친절하게도 나를 도와주었다.

적중 포인트 *Level-up Exercise 01*

※ 다음 밑줄 친 부분이 옳으면 O, 옳지 않으면 X하고 올바르게 고치세요.

01 The child does nothing but <u>complain</u> about going to school. ☐O☐X

02 Candidates are required <u>arrive</u> 30 minutes early so as to complete the registration process smoothly. ☐O☐X

03 The government announced new policies <u>so as to streamline</u> bureaucratic procedures and improve efficiency. ☐O☐X

04 After searching for hours, they finally <u>found</u> impossible to locate the missing document. ☐O☐X

적중 포인트 *Level-up Exercise 02*

※ 밑줄 친 부분에 들어갈 말로 적절한 것을 고르시오.

05 The manager instructed the team about _____ the files after sorting them.
① being put   ② where to put
③ what to put   ④ to put

06 He studied diligently, _____ that the exam was postponed.
① only to realize   ② to realize
③ to be realized   ④ in order to realize

07 The suspect is believed _____ in the vicinity at the time of the crime.
① to be   ② being
③ to have been   ④ to having been

08 She claims _____ at the meeting on that day, but no one remembers seeing her there.
① being   ② to have been
③ to be   ④ to have

적중 포인트 Level-up Exercise 01 & 02 정답

01 O	02 X to arrive	03 O	04 X found it
05 ②	06 ①	07 ③	08 ②

Chapter —— 09

진가영 영어
단판승 문법 적중 포인트 100

진가영 영어연구소 | cafe.naver.com/easyenglish7

조동사와 조동사를
활용한 구문

10 조동사

✓ **신경향 출제 예상 문제 Preview**

Q1 다음 밑줄 친 부분 중 어법상 옳지 않은 것은?

① <u>In recent months</u>, tensions have risen within the company as the employees continue to voice their ② <u>concerns</u> about unfair treatment and unsafe environments. The workers demand that their rights ③ <u>are protected</u> and their working conditions improved. They argue that without these essential changes, productivity and morale ④ <u>will</u> continue to decline, ultimately impacting the overall success of the business.

Q2 다음 밑줄 친 부분에 들어갈 말로 가장 적절한 것은?

It is imperative that every employee _____ their monthly reports on time to ensure smooth workflow and productivity.

① submits
② submit
③ submitting
④ submitted

✓ 신경향 출제 예상 문제 *Pen Checking*

Q1 다음 밑줄 친 부분 중 어법상 옳지 않은 것은?

---

① <u>In recent months</u>, tensions have risen within the company as the employees continue to voice their ② <u>concerns</u> about unfair treatment and unsafe environments. The workers demand that their rights ③ <u>are protected</u> [be protected ➡ 주장·요구·명령·제안·충고 동사의 목적어 역할을 하는 that절에서는 동사를 (Should) 원형으로 씀.] and their working conditions improved. They argue that without these essential changes, productivity and morale ④ <u>will</u> continue to decline, ultimately impacting the overall success of the business.

Q2 다음 밑줄 친 부분에 들어갈 말로 가장 적절한 것은?

It is imperative that every employee [동사 자리] their monthly reports on time to ensure smooth workflow and productivity.

---

① submits [×]

    ➡ 이성적 판단 형용사의 that절 동사는 (should) 동사원형으로 씀.

② submit [○]

    ➡ **이성적 판단 형용사의 that절 동사는 (should) 동사원형으로 씀.**

③ submitting [×]

    ➡ 현재분사는 수식어 자리에 쓰임.

④ submitted [×]

    ➡ 이성적 판단 형용사의 that절 동사는 (should) 동사원형으로 씀.

해석

Q1 최근 몇 달 동안 직원들이 불공정한 대우와 안전하지 않은 환경에 대한 우려를 계속 제기하면서 회사 내 긴장이 고조되었다. 노동자들은 자신들의 권리가 보호되고 작업 환경이 개선될 것을 요구한다. 이들은 이러한 필수적인 변화가 없으면 생산성과 사기가 계속 떨어져 궁극적으로 사업의 전반적인 성공에 영향을 미칠 것이라고 주장한다.

Q2 원활한 업무 흐름과 생산성을 보장하기 위해 모든 직원이 월간 보고서를 제시간에 제출하는 것이 필수적이다.

Chapter — 10

적중 포인트 065 **조동사 뒤의 동사원형과 조동사의 부정형** 시험중요도 ★

 빠르게 문제 푸는 *Solving Strategy*

◎ 조동사는 본동사를 문법적으로 또는 의미적으로 도와주는 표현으로 **문법** 조동사와 **(화)법** 조동사로 나뉘며 **(화)법 조동사** 뒤에는 **동사원형**이 나온다는 특징이 있으므로 확인한다.

◎ 특정 **조동사**와 not의 **위치**에 주의해야 하므로 **조동사**의 **부정형**이 올바르게 쓰였는지 확인한다.

✔ 적중 포인트 *핵심 이론 Summary*

• 조동사의 분류

문법 조동사	be동사	• 진행시제	• 수동태
	have동사	• 완료시제	
	do동사	• 일반동사의 의문문, 부정문, 도치구문, 대동사	
(화)법 조동사	can	• 능력 • 가능성	• 허가 • 부정적 추측[cannot]
	could	• can의 과거형 • 추측	• 허가 또는 요청
	may	• 허가 • 소망, 희망(격식)	• 추측 • 양보절, 목적절
	might	• may의 과거형	• 추측
	must	• 의무 • 금지[must not]	• 추측
	will	• 단순미래 • 추측	• 주어 의지
	would	• will의 과거 • 과거의 반복된 동작	• 정중한 부탁 • 추측
	shall	• 1인칭(I/we) 단순미래	• 상대방의 의사와 의견을 물음
	should	• shall의 과거형 • 가능성	• 의무 • 가정
	ought to	• 의무	• 추측, 가능성
조동사 부정	조동사 + not 예 should not, must not, will not		
	주의 had better not 동사원형, ought not to 동사원형		

문장으로 적용하는 *Solving Strategy*

✎ (화)법 조동사 뒤에 본동사 → **수 일치 (x) 동사원형 (o)**

[1] He may ~~has~~(→ **have**) missed his train.

✎ 조동사와 부정부사 not의 위치

[2] Such things **ought not to be** allowed.

[3] You **had better not** give an extreme case.

[4] Cars **must not** park in front of the entrance.

해석

[1] 그가 기차를 놓쳤는지도 모른다.
[2] 그런 일은 허용되어서는 안 된다.
[3] 극단적인 예는 들지 않는 것이 좋을 것이다.
[4] 입구 앞에는 차를 주차하면 안 된다.

Chapter 10

적중 포인트 066 조동사 should의 3가지 용법과 생략 구조 시험중요도 ★★★★★

 빠르게 문제 푸는 *Solving Strategy*

◎ **특정 표현** 뒤에는 '**should 동사원형**' 또는 should가 생략되고 '**동사원형**'만 남은 구조를 올바르게 썼는지 확인한다.

 적중 포인트 *핵심 이론 Summary*

• 주장 · 요구 · 명령 · 제안 · 충고 동사

demand	요구하다	command	명령하다	
recommend	권하다, 충고하다	order	명령하다	
ask	요구하다	urge	권하다, 충고하다	that 주어 (should) 동사원형
require	요구하다	request	요구하다	
insist	주장하다	suggest	제안하다	
propose	제안하다	mandate	명령하다	

• 이성적 판단 형용사

It be	important	중요한	vital	필수적인	that 주어 (should) 동사원형
	imperative	의무적인	natural	당연한	
	necessary	필요한	desirable	바람직한	
	essential	필수적인	mandatory	의무적인	

• 감정 형용사

It be	strange	이상한	that 주어 (should) 동사원형
	surprising	놀라운	that 주어 직설법 동사
	pitiful	애석한	
	odd	이상한	
	astonishing	놀라운	

※ 유감 · 놀람 등을 나타내는 형용사 뒤에 이어지는 that[절]에서 should는 '~하다니, ~이라니'라는 의미로 쓰인다. 다만, (should) 동사원형뿐만 아니라 수 일치와 시제를 반영하는 직설법의 동사를 쓰는 것도 가능하다.

✓ 문장으로 적용하는 *Solving Strategy*

✐ 주장 · 요구 · 명령 · 제안 · 충고 동사의 that절의 동사

→ (should) 동사원형 (o)

1 He demanded that everyone in the country follows(→ should follow / follow) his rule.

2 He ordered that the work was(→ should be / be) done.

✐ 「It be 이성적 판단의 형용사 that절」에서 that절의 동사

→ (should) 동사원형 (o)

3 It is important that he attends(→ should attend / attend) every day.

4 It is desirable that interest rates are(→ should be / be) reduced.

✐ 「It be 감정 형용사 that절」에서 that절의 동사

→ (should) 동사원형 또는 직설법 동사 (o)

5 It is surprising that he still bear it in memory.

6 It is strange that you should not know it.

7 It is odd that she says so.

해석

1 그는 나라 안의 모든 이들에게 그의 통치를 따르도록 강요했다.
2 그는 그 일을 해내라고 명령했다.
3 그가 매일 출석하는 것이 중요하다.
4 금리를 내리는 것이 바람직하다.
5 그가 아직도 그걸 기억하다니 신기하다.
6 당신이 그것을 모르다니 이상하다.
7 그녀가 그런 말을 하다니 이상하다.

Chapter — 10

적중 포인트 067 주의해야 할 조동사와 조동사 관용 표현 시험중요도 ★★★

 빠르게 문제 푸는 *Solving Strategy*

◎ 「조동사 have p.p.」 구조는 해석을 올바르게 썼는지 확인한다.
◎ need와 dare는 일반동사 용법과 **조동사 용법**을 구분한다.
◎ **조동사의 관용 표현**이 나오면 **해석**과 **형태**를 올바르게 썼는지 확인한다.

 적중 포인트 *핵심 이론 Summary*

• 조동사 have p.p. [과거에 대한 후회나 유감 또는 추측]

should have p.p. ought to have p.p.	~했어야 했다
should not have p.p. ought not to have p.p.	~하지 말았어야 했다
must have p.p.	~했음이 틀림없다
cannot have p.p.	~했을 리가 없다
may(might) have p.p.	~했을지도 모른다
would have p.p.	~했을 것이다
could have p.p.	~했을 수도 있다
need not have p.p.	~할 필요가 없었다

• need(~할 필요가 있다)와 dare(감히 ~하다)의 부정

일반동사	조동사
부정어(not) need(일반동사) to부정사	need(조동사) + 부정어(not) + 동사원형
부정어(not) dare(일반동사) to부정사	dare(조동사) + 부정어(not) + 동사원형 dared(조동사) + 부정어(not) + 동사원형

• 조동사 관용 표현

cannot ~ too 형용사/부사 cannot ~ enough cannot ~ over동사	아무리 ~해도 지나치지 않다
cannot (help/choose) but 동사원형 cannot help ~ing have no choice[alternative/option] but to부정사	~할 수밖에 없다, ~하지 않을 수 없다
would rather A (than B) may as well A (as B)	(B보다) A가 낫다
may well 동사원형	~이 당연하다

✓ 문장으로 적용하는 *Solving Strategy*

✎ 과거의 후회나 유감 → must have p.p. (x) should have p.p. (o)

1 You must(→ should) have seen the size of their house!

✎ 과거의 추측은 should have p.p. (x)

2 It should(→ must) have rained last night.

3 The speaker should(→ might) have misunderstood the question.

✎ need/dare/dared not → to부정사 (x) 동사원형 (o)

4 Business letters need not to be(→ be) formal and impersonal.

5 He dared not to oppose(→ oppose) me.

✎ 조동사 관용 표현 → 암기

6 The importance of preparation cannot be overemphasized.

7 I would rather walk than take a taxi.

8 She may well be proud of her son.

해석

1 당신이 그 집의 크기를 봤어야 했다!
2 어젯밤에 틀림없이 비가 왔을 것이다.
3 그 발표자는 아마 질문을 잘못 이해했을지도 모른다.
4 사업상의 편지라고 해서 딱딱하고 인간미 없게 쓸 필요는 없다.
5 그는 감히 반대하지 않았다.
6 준비의 중요성은 아무리 강조해도 지나치지 않다.
7 택시를 타느니 차라리 걷는 편이 낫겠다.
8 그녀가 아들을 자랑하는 것도 당연하다.

✔ 적중 포인트 Level-up Exercise 01

※ 다음 밑줄 친 부분이 옳으면 O, 옳지 않으면 X하고 올바르게 고치세요.

01 We cannot but <u>to acknowledge</u> the hard work of our team. ◯ ✕

02 They <u>had not better</u> be late for the interview if they want to make a good
impression. ◯ ✕

03 You cannot be <u>so cautious</u> about sharing personal information online. ◯ ✕

04 She requested that the meeting <u>be rescheduled</u> to a later date due to
a conflict. ◯ ✕

✔ 적중 포인트 Level-up Exercise 02

※ 밑줄 친 부분에 들어갈 말로 적절한 것을 고르시오.

05 Due to the severe weather conditions, we _____ cancel
the outdoor event.
① have not choice but to   ② don't have choice but
③ have no choice but to   ④ have no choice but

06 They _____ for the service since it's included in their package.
① need not pay   ② need pay
③ don't need pay   ④ need not to pay

07 It is imperative that the government _____ additional funds for
infrastructure improvement.
① allocate   ② allocates   ③ allocated   ④ allocating

08 We _____ the tickets in advance because now they
are sold out and we can't attend the concert.
① should have booked   ② must have booked
③ may have booked   ④ need not have booked

적중 포인트 Level-up Exercise 01 & 02 정답

01 X acknowledge	02 X had better not	03 X too cautious	04 O
05 ③	06 ①	07 ①	08 ①

MEMO

11 도치 구문과 강조 구문

 적중 포인트 *CHECK-UP*

▶ 적중 포인트 068 부정부사와 도치 구문 ★★★★★
▶ 적중 포인트 069 다양한 도치 구문 ★★★★
▶ 적중 포인트 070 양보 도치 구문과 장소 방향 도치 구문 ★★★
▶ 적중 포인트 071 강조 구문과 강조를 위한 표현 ★

✓ 신경향 출제 예상 문제 *Preview*

Q1 다음 밑줄 친 부분 중 어법상 옳지 않은 것은?

Last summer, I traveled to a small coastal town ① known for its breathtaking views. One evening, I decided ② to take a walk along the beach just as the sun was setting. Never before ③ I have seen such a beautiful sunset. The sky was painted in shades of pink, orange, and purple, and the reflection on the water made it ④ seem like the entire ocean was ablaze with color. As I stood there, mesmerized by the view, I felt a deep sense of peace and gratitude.

Q2 다음 밑줄 친 부분에 들어갈 말로 가장 적절한 것은?

Only recently _____ in maintaining ecosystem balance been widely recognized.

① the importance of biodiversity
② does the importance of biodiversity
③ the importance of biodiversity has
④ has the importance of biodiversity

신경향 출제 예상 문제 *Pen Checking*

Q1 다음 밑줄 친 부분 중 어법상 옳지 않은 것은?

Last summer, I traveled to a small coastal town ① <u>known for</u> its breathtaking views. One evening, I decided ② <u>to take a walk</u> along the beach just as the sun was setting. Never before ③ <u>I have seen</u> [have I seen → 부정부사가 문장 처음에 쓰일 경우 '조동사+주어'로 쓴다.] such a beautiful sunset. The sky was painted in shades of pink, orange, and purple, and the reflection on the water made it ④ <u>seem</u> like the entire ocean was ablaze with color. As I stood there, mesmerized by the view, I felt a deep sense of peace and gratitude.

Q2 다음 밑줄 친 부분에 들어갈 말로 가장 적절한 것은?

Only recently ['조동사 + 주어' 자리] in maintaining ecosystem balance been widely recognized.

① the importance of biodiversity [×]

→ Only 부사가 문장 처음에 위치할 경우 주어가 아닌 조동사가 먼저 쓰임.

② does the importance of biodiversity [×]

→ 조동사 자리에서 과거분사는 does와 쓰일 수 없음.

③ the importance of biodiversity has [×]

→ Only 부사가 문장 처음에 위치할 경우 주어가 아닌 조동사가 먼저 쓰임.

④ has the importance of biodiversity [○]

→ Only 부사가 문장 처음에 위치할 경우 주어가 아닌 '조동사+주어' 도치 구조로 쓰임.

해석

Q1 지난 여름, 나는 아름다운 풍경으로 유명한 작은 해안 마을을 여행했다. 어느 저녁, 나는 해가 지고 있을 때 해변을 산책하기로 했다. 이전에 이런 아름다운 석양을 본 적이 없다. 하늘은 분홍색, 주황색, 보라색으로 물들었고, 물 위에 반사된 모습은 마치 전체 바다가 색으로 불타는 것처럼 보였다. 나는 그곳에 서서 경치에 매료되어 깊은 평화와 감사의 마음을 느꼈다.

Q2 최근에야 생태계 균형을 유지하는 데 있어 생물다양성의 중요성이 널리 인식되고 있다.

적중 포인트 068 부정부사와 도치 구문   시험중요도 ★★★★★

✓ 빠르게 문제 푸는 Solving Strategy

◎ **부정부사**가 문장 처음이나 절 처음에 위치하면 「**조동사 + 주어**」 도치 구조를 확인한다.
◎ 부정부사는 다른 부정부사와 겹쳐 쓰지 않으므로 같은 절에 **부정부사 2개**를 주의한다.

✓ 적중 포인트 핵심 이론 Summary

• 부정부사와 4가지 도치 구조

부정부사[문장 처음, 절 처음]	도치의 4가지 구조
in no way, on no account, by no means, under no circumstances, not only, no longer, no sooner, nowhere, never, little, hardly, scarcely, rarely, seldom	① be + 주어 + (동사원형 ✕) ② have/has/had + 주어 + p.p. ③ do/does/did + 주어 + 동사원형 ④ (화)법 조동사 + 주어 + 동사원형

✓ 문장으로 적용하는 Solving Strategy

✎ 문장 처음이나 절 처음에 부정부사 → 「주어 + 동사」 (x) 「조동사 + 주어」 (o)

1. Under no circumstances ~~you must~~(→ must you) open the door.

2. No longer ~~he could~~(→ could he) distinguish between illusion and reality.

✎ 도치의 4가지 구조가 올바르게 쓰였는지 확인

3. Little **did** experts ~~imagined~~(→ imagine) the satellite would miss its orbit.

4. Never **has** he ~~see~~(→ seen) such a good player.

✎ 부정부사 + 부정부사 (X)

5. I ~~can't hardly~~(→ can't) make myself understood in English.

해석

1. 어떤 일이 있어도 그 문을 열어서는 안 된다.
2. 그는 더 이상 착각과 현실을 구별할 수가 없었다.
3. 전문가들은 위성이 궤도에서 어긋날 것이라고는 생각하지 못했다.
4. 그는 그렇게 훌륭한 선수를 본 적이 없다.
5. 나는 영어로 의사소통할 수 없다.

적중 포인트 069 다양한 도치 구문

시험중요도 ★★★★

✓ 빠르게 문제 푸는 *Solving Strategy*

◎ 도치를 유발하는 표현들이 나오면 반드시 **도치 구조가 올바르게** 쓰였는지 확인한다.

적중 포인트 *핵심 이론 Summary*

● 다양한 도치 구문

Only 부사(부사구, 부사절)를 포함한 도치 구문

Only + 부사 Only + 전치사 + 명사 Only + 접속사 + 주어 + 동사	+ 조동사 + 주어 ~

so와 neither를 포함한 도치 구문

S + V (긍정) ~, and so + **조동사 + 주어**
S + V (부정) ~, and neither + **조동사 + 주어**

주의 조동사는 앞에 나온 동사의 종류와 시제에 따라 결정되고 뒤에 나온 주어와 수 일치한다.
and neither는 접속사 nor로 쓸 수 있다.

so 형용사/부사 that절을 포함한 도치 구문

So 형용사 + 도치 구조 + that절
So 부사 + 도치 구조 + that절

such that절을 포함한 도치 구문 [be동사 + 주어 수 일치 중요]

Such + be동사 + 주어 + that절

주격 보어(형용사/분사)를 포함한 도치 구문 [be동사 + 주어 수 일치 중요]

형용사 + be동사 + 주어
분사(전명구) + be동사 + 주어

✔ 문장으로 적용하는 *Solving Strategy*

✎ 문장(절) 처음에 Only 부사(부사구, 부사절) + **주어 + 동사 (x)** → **조동사 + 주어 (o)**

1 Only when he needs something ~~he looks~~(→ does he look) for me.

2 Only after weeks of vain effort ~~the right idea occurred~~(→ did the right idea occur) to me.

✎ **so는 긍정문과 호응, neither는 부정문과 호응**
  앞 동사에 따라 **조동사** 선택, 조동사와 뒤에 나온 주어 **수 일치** 확인

3 I have a car and ~~neither~~(→ so) does Bill.

4 Prices have gone up, and ~~so does~~(→ has) the price of education.

✎ 문장(절) 처음에 So 형용사 또는 So 부사 → 도치 구조와 **수 일치** 확인

5 So tired **was she** that she couldn't think straight.

✎ Such + **be동사** + 주어 + that절 → **수 일치** 확인

6 Such ~~were~~(→ was) **his influence** that everybody feared him.

✎ 주격 보어(형용사/분사)를 포함한 도치 구문 → 도치 구조와 **수 일치** 확인

7 Happy ~~is~~(→ are) **those** who find joy and pleasure in helping others.

8 Blessed ~~are~~(→ is) **the man** who is too busy to worry in the daytime.

해석

1 그는 아쉬울 때만 나를 찾는다.
2 내가 헛된 노력을 몇 주일 동안이나 한 이후에야 겨우 적절한 생각이 떠올랐다.
3 나는 자동차를 가지고 있는데, Bill 역시 그러하다.
4 가격은 올라가고 그로 인해 교육비도 올라가고 있다.
5 그녀는 너무 피곤해서 제대로 생각을 할 수가 없었다.
6 그의 세력은 강해서 모두가 그를 두려워했다.
7 다른 사람을 돕는 것에서 즐거움과 기쁨을 찾는 사람들은 행복하다.
8 낮에 너무 바빠서 걱정할 수 없는 사람은 복 받은 사람이다.

적중 포인트 070 | 양보 도치 구문과 장소 방향 도치 구문　시험중요도 ★★★

 빠르게 문제 푸는 *Solving Strategy*

◎ as 양보 도치 구문은 여러 가지 표현으로 쓰일 수 있지만 「조동사 + 주어」 순서로 쓰지 않고 「주어 + 동사」로 쓴다.

◎ 장소, 방향 부사구를 포함한 도치 구문은 「조동사 + 주어」 순서로 쓰지 않고 「1형식 자동사 + 주어」 구조로 쓰였는지 확인한다.

 적중 포인트 *핵심 이론* *Summary*

• as 양보 도치 구문

접속사 as는 「as + 주어 + 동사」 구조로 쓰이면 시간이나 이유 등을 의미하는 부사절 접속사로 쓰이지만, 다음과 같은 '주격 보어'나 '부사' 또는 '원형동사'가 문장 처음에 위치한 도치 구조에서는 '비록 ~라도'라는 양보의 의미로 쓰인다.

[as 양보 부사절]	[주절]
형용사 + as 주어 + 2형식 동사	주어 + 동사
As 형용사 + as 주어 + 2형식 동사	
As 형용사 a 명사 + as 주어 + 2형식 동사	
무관사(a나 the 없는) 명사 + as 주어 + 2형식 동사	
부사 + as 주어 + 동사(완전 구조)	
원형동사 + as + 주어 + may[might, will, would]	

• 장소와 방향 부사구를 포함한 도치

문장 처음	도치 구조
장소 부사 방향 부사	1형식 자동사 + 주어 주의 조동사를 수반하지 않는 도치 → 수 일치 확인

✅ 문장으로 적용하는 *Solving Strategy*

✎ as 양보 도치 구문 → 다양한 구조를 올바르게 썼는지 확인

1. **Pretty** as the flower is, it has many thorns.

2. ~~**A woman**~~(→ **Woman**) as she was, she was brave.

3. **Try** as she would, she could not remember his phone number.

✎ as 양보 도치 구문 → 양보 접속사 though로 표현 가능

4. **Strange** though it may sound, I was pleased it was over.

5. ~~**A millionaire**~~(→ **Millionaire**) though he was, he never let an opportunity slip.

✎ 장소와 방향 부사구 + 1형식 자동사 + 주어 → 수 일치 확인

6. On the map **is**(→ **are**) **many symbols** that show national boundaries.

7. On the hill **stands**(→ **stand**) **many trees**.

8. Next to the dolls **were**(→ **was**) **a small box** made of ivory.

9. Around them **was**(→ **were**) **lots of wooden barrels and boards**.

해석

1. 그 꽃은 예쁘지만 가시가 너무 많다.
2. 그녀는 여자이지만 용감했다.
3. 아무리 애써 봐도 그녀는 그의 전화번호가 기억나지 않았다.
4. 이상하게 들릴지 모르겠지만, 나는 그것이 끝나서 기뻤다.
5. 그는 백만장자이면서도 돈벌이 기회는 절대로 놓치지 않았다.
6. 지도에는 국경선을 보여주는 많은 기호들이 있다.
7. 언덕 위에 많은 나무가 서 있다.
8. 그 인형들 옆에는 역시 상아로 만들어진 작은 상자가 있었다.
9. 그들 주변에는 많은 나무통과 나무판이 널려 있었다.

적중 포인트 071 강조 구문과 강조를 위한 표현 시험중요도 ★

 빠르게 문제 푸는 *Solving Strategy*

◎ 「It be ~ that」은 강조 구문에서는 **강조되는 표현**이 it be와 that사이에 위치하고 **나머지 부분**이 that 뒤에 올바르게 나와 있는지 확인한다.

◎ **다양한 강조 표현**이 문장에서 올바르게 쓰였는지 확인한다.

 적중 포인트 *핵심 이론 Summary*

• 「It be ~ that」은 강조 구문

It be	주어	that	주어 + 동사	주어 없는 불완전 구조
	목적어		주어 + 동사 + 목적어	목적어 없는 불완전 구조
	부사		주어 + 동사	완전 구조

주의 접속사 that은 강조된 표현이 사람이면 who나 whom으로, 사물이면 which로, 시간 부사(구, 절)면 when으로, 장소 부사구이면 where로 쓸 수 있다.

• 여러 가지 강조 구문

명사 강조	the very	부정어 강조	at all, in the least, a bit
동사 강조	조동사 do	의문사 강조	ever, on earth, in the world

✎ 「It be ~ that」의 강조 구문 → **that 뒤의 문장 구조 확인**

1 It was **the students** that **they** were asked to interpret the poem.

2 It's **you** that I want to speak to **you**, not Paul.

3 It was **not until he was fifty** that he started to write.

해석

1 그 시를 설명해 보라는 요구를 받은 것은 바로 학생들이었다.
2 내가 이야기하고 싶은 사람은 Paul이 아니라 바로 너다.
3 그는 50세가 되어서야 비로소 글을 쓰기 시작했다.

✓ 적중 포인트 *Level-up Exercise 01*

※ 다음 밑줄 친 부분이 옳으면 O, 옳지 않으면 X하고 올바르게 고치세요.

01 Rarely <u>they do</u> offer such generous discounts on their products. ◯☒

02 I <u>can't rarely</u> go out during the week because of his work. ◯☒

03 Included <u>are the meeting minutes</u> from last week. ◯☒

04 <u>Such were</u> his generosity that he often helped those in need without hesitation. ◯☒

✓ 적중 포인트 *Level-up Exercise 02*

※ 밑줄 친 부분에 들어갈 말로 적절한 것을 고르시오.

05 Under no circumstances _____ any form of discrimination among its employees.

① the company tolerates ② will the company tolerate

③ will the company tolerated ④ do the company tolerate

06 _____ that everyone in the gallery stopped to admire it.

① So beautiful was the painting ② Was the painting so beautiful

③ So beautiful does the painting ④ Does so beautiful the painting

07 The students often volunteer at the local animal shelter, _____.

① and does she so ② and so does she

③ so does she ④ does she

08 _____ her academic achievements are, she remains humble.

① As impressively ② Impressive as

③ Impressively as ④ As impressive

적중 포인트 Level-up Exercise 01 & 02 정답

01 X do they	02 X can't / can rarely	03 O	04 X Such was
05 ②	06 ①	07 ②	08 ②

MEMO

Chapter

12 가정법

적중 포인트 CHECK-UP

적중 포인트 072 **가정법 미래** 공식 ★★★
적중 포인트 073 **가정법 과거** 공식 ★★★★
적중 포인트 074 **가정법 과거완료** 공식 ★★★★★
적중 포인트 075 **혼합 가정법** 공식 ★★★★
적중 포인트 076 **if 생략** 후 **도치**된 가정법 ★★★★
적중 포인트 077 **기타** 가정법 ★★★

신경향 출제 예상 문제 *Preview*

Q1 다음 밑줄 친 부분 중 어법상 옳지 않은 것은?

It is about time we ① <u>address</u> the issues plaguing our community. The lack of affordable housing, coupled with unemployment and educational disparities, ② <u>has</u> created a cycle of hardship for many residents. These challenges not only affect individuals and families ③ <u>but</u> weaken the social fabric of our community. By prioritizing access to affordable housing, investing in education and job training programs, and ④ <u>fostering</u> inclusive policies, we can begin to reverse these trends.

Q2 다음 밑줄 친 부분에 들어갈 말로 가장 적절한 것은?

If my daughter _____ the herbal remedy before bed last night, she would probably wake up feeling much more refreshed and energized today.

① has taken ② had taken
③ took ④ takes

신경향 출제 예상 문제 *Pen Checking*

Q1 다음 밑줄 친 부분 중 어법상 옳지 않은 것은?

It is about time we ① address [addressed → It's (about/high) time that절에서 that절의 동사는 'should 동사원형' 또는 '과거시제 동사'를 씀.] the issues plaguing our community. The lack of affordable housing, coupled with unemployment and educational disparities, ② has created a cycle of hardship for many residents. These challenges not only affect individuals and families ③ but weaken the social fabric of our community. By prioritizing access to affordable housing, investing in education and job training programs, and ④ fostering inclusive policies, we can begin to reverse these trends.

Q2 다음 밑줄 친 부분에 들어갈 말로 가장 적절한 것은?

If my daughter [혼합 가정법의 종속절에서 동사 자리] the medicine before bed last night, she would probably wake up feeling much more refreshed and energized today.

① has taken [×]

　→ 과거 사실에 대해 가정을 할 때는 현재 완료시제를 쓰지 않음.

② had taken [○]

　→ **과거 사실에 대한 가정을 할 때는 동사를 과거 완료 시제로 쓴다.**

③ took [×]

　→ 과거 사실에 대해 가정을 할 때는 과거시제를 쓰지 않음.

④ takes [×]

　→ 과거 사실에 대해 가정을 할 때는 현재시제를 쓰지 않음.

해석

Q1 우리 지역 사회를 괴롭히는 문제들에 대해 대응할 때가 되었다. 저렴한 주거 공급 부족과 실업 문제, 교육 격차가 많은 주민들에게 어려움의 연속을 만들어왔다. 이러한 도전 과제들은 개인과 가족뿐만 아니라 우리 사회의 사회적 고리를 약화시키고 있다. 저렴한 주거 접근성을 우선시하고, 교육 및 직업 훈련 프로그램에 투자하며 포용적인 정책을 육성함으로써 이러한 추세를 역전시킬 수 있다.

Q2 만약 그녀가 어젯밤에 자기 전에 약을 먹었다면, 그녀는 아마 오늘 훨씬 더 상쾌하고 기운이 차오르는 기분으로 깨어났을 것이다.

적중 포인트 072 가정법 미래 공식 시험중요도 ★★★

 빠르게 문제 푸는 *Solving Strategy*

◎ 「if 주어 should 동사원형」 또는 「if 주어 were to부정사」가 나오면 **가정법 미래**를 의미하므로 공식에 맞게 올바르게 쓰였는지 확인한다.

 적중 포인트 *핵심 이론 Summary*

• 가정법 미래 공식

	(1) 불확실한 미래 가정
	주어 + would / should / could / might + 동사원형
if 주어 should 동사원형	주어 + will / may / must ~ + 동사원형
	(please) 동사원형
	(2) 실현 불가능한 미래 가정
if 주어 were to부정사	주어 + would / should / could / might + 동사원형

 문장으로 적용하는 *Solving Strategy*

✎ 「if 주어 **should 동사원형**」 또는 「if 주어 **were to부정사**」 → 가정법 미래, **주절의 동사 확인**

1 If he **should injure** me, I **would** still **love** him.

2 If you **should change** your mind, **please let** me know.

3 If you **were to ever see** it, you **would think** you were in heaven.

해석

1 그가 나를 해칠지라도, 나는 그를 사랑하리라.
2 만약 당신이 마음이 바뀌면, 제게 알려 주세요.
3 만일 당신이 그것을 언젠가 보게 된다면, 아마 천국에 와있는 느낌일 거예요.

적중 포인트 073 가정법 과거 공식

시험중요도 ★★★★

 빠르게 문제 푸는 *Solving Strategy*

◎ 「if 주어 과거시제 동사」가 나오면 **가정법 과거**를 의미하고 「**주어 + would / should / could / might 동사원형**」이 올바르게 쓰였는지 확인해야 한다.

 적중 포인트 *핵심 이론 Summary*

• 가정법 과거 공식

현재 사실과 반대로 가정	현재 결과에 반대로 예측
if 주어 과거시제 동사	주어 + would / should / could / might 동사원형
만일 ~라면	…할 텐데

 문장으로 적용하는 *Solving Strategy*

✎ 「if + 주어 + **과거시제 동사**」 → **가정법 과거 공식 확인**

1 If they ~~have~~(→ had) a lot of money, they **could buy** a large house.

2 If I **were** in your shoes, I **would** ~~have resigned~~(→ resign) immediately.

해석

1 만약 그들이 돈이 많다면, 큰 집을 살 수 있을 텐데.
2 내가 당신이라면, 즉시 사임할 텐데.

적중 포인트 074 가정법 과거완료 공식   시험중요도 ★★★★★

빠르게 문제 푸는 *Solving Strategy*

◎ 「if 주어 had p.p.」가 나오면 **가정법 과거완료**를 의미하고 「**주어 + would / should / could / might have p.p.**」가 올바르게 쓰였는지 확인해야 한다.

적중 포인트 *핵심 이론 Summary*

• 가정법 과거완료 공식

과거 사실과 반대로 가정	과거 결과에 반대로 예측
if 주어 had p.p.	주어 + would / should / could / might have p.p.
만일 ~했더라면	…했을 텐데

✅ 문장으로 적용하는 *Solving Strategy*

✎ 「if + 주어 + had p.p.」 → 가정법 과거완료 공식 확인

1️⃣ If I **had been** more diligent, I **could succeed(→ have succeeded)** in life.

2️⃣ If I **have(→ had seen)** the advertisement in time, I **would have applied** for the job.

해석

1️⃣ 내가 만약 좀 더 부지런했더라면, 나는 내 삶에서 성공할 수 있었을 것이다.
2️⃣ 만약에 내가 그 광고를 제때 봤더라면, 그 직장에 지원을 했을 것이다.

적중 포인트 075 혼합 가정법 공식

시험중요도 ★★★★

 빠르게 문제 푸는 *Solving Strategy*

◉ if절에 과거 시간 부사와 주절에 현재 시간 부사가 쓰였다면 혼합 가정법 공식을 확인해야 한다.

 적중 포인트 *핵심 이론 Summary*

• 혼합 가정법 공식

과거 사실과 반대로 가정	현재 결과에 반대로 예측
if 주어 had p.p. (과거 시간 부사)	주어 + would / should / could / might + 동사원형 now[today]
만일 ~했더라면	…할 텐데

 문장으로 적용하는 *Solving Strategy*

✎ if절에 과거 시간 부사와 주절에 현재 시간 부사 → 혼합 가정법 공식 확인

1 If you **went**(→ **had gone**) to college then, you **would be** a junior now.

2 If she **had started** earlier, he **would have been**(→ **be**) here now.

해석

1 만약 그때 대학에 갔더라면, 지금은 3학년일 텐데.
2 만약 그녀가 더 일찍 출발했더라면, 지금 여기에 있을 텐데.

적중 포인트 076 if 생략 후 도치된 가정법   시험중요도 ★★★★

 빠르게 문제 푸는 *Solving Strategy*

◎ 「Were 주어」, 「Should 주어」, 「Had 주어」로 시작한다면 if가 생략된 가정법이므로 가정법 공식을 확인해야 한다.

 적중 포인트 *핵심 이론 Summary*

● if 생략 후 도치된 가정법

if절	주절
Should + 주어 + 동사원형 ~	주어 + would / should / could / must + 동사원형
	주어 + will / may / must ~ + 동사원형
	(please) 명령문
Were + 주어 ~	주어 + would / should / could / might + 동사원형
Had + 주어 + 과거분사 ~	주어 + would / should / could / might + have p.p.

 문장으로 적용하는 *Solving Strategy*

✐ Were 주어, Should 주어, Had 주어 → 가정법 공식 확인

1 Were I in his shoes, I **would** ~~have been~~(→ **be**) very nervous.

2 **Should** you **need** further information, **please let** me know.

3 Had education **focus**(→ **focused**) on creativity, they **could have become** great artists.

───────
해석

1 내가 그의 입장이라면, 몹시 초조할 텐데.
2 혹시 정보가 더 필요하시면, 제게 알려주십시오.
3 교육이 창의력에 초점을 맞추었더라면, 그들은 훌륭한 예술가가 될 수도 있었을 것이다.

적중 포인트 077 | 기타 가정법

시험중요도 ★★★

 빠르게 문제 푸는 *Solving Strategy*

◎ **if**를 사용하지 않는 여러 가지 **기타 가정법**의 형태가 올바르게 쓰였는지 확인한다.

 적중 포인트 핵심 이론 *Summary*

● 기타 가정법

It's time 가정법		
공식	It is (about / high) time (that)	+ 주어 + 과거 동사 + 주어 + should 동사원형 주의 should 생략할 수 없음.
해석	~했을 시간이다 또는 ~할 시간이다 (그런데 아직 하지 못했다)	

I wish 가정법 [현재 이루지 못하거나 과거에 이루지 못했던 것에 대한 아쉬움 표현]	
공식	I wish + 주어 + 과거 동사	I wish + 주어 + 과거완료
해석	~라면 좋을 텐데 〈현재에 이룰 수 없는 소망〉	~했더라면 좋았을 텐데 〈과거에 이루지 못한 소망〉

전치사(But for, Without)를 이용한 가정법 [주절의 형태로 가정법 과거인지, 가정법 과거완료인지 구분]		
공식	But for[Without] 명사 If it were not for 명사 Were it not for 명사	+ 주어 + would / should / could / might 동사원형
해석	명사가 없다면	~할 것이다
공식	But for[Without] 명사 If it had not been for 명사 Had it not been for 명사	+ 주어 + would / should / could / might have p.p.
해석	명사가 없었다면	~했을 것이다

as if 가정법	
주절	종속절
주어 + 동사(현재, 과거)	as if + 주어 + 과거시제 동사 (주절의 동사와 같은 시제의 반대로 가정)
주어 + 동사(현재, 과거)	as if + 주어 + had p.p. (주절의 동사보다 이전 시제의 반대로 가정)

✅ 문장으로 적용하는 *Solving Strategy*

✎ It's time 가정법 → 동사원형 (x) should 동사원형 또는 과거 동사 (o)

[1] It is time that we **were** going to bed.

[2] It is high time that we **should start** a campaign for the environment.

✎ I wish 가정법 → 과거동사(현재 반대) 또는 had p.p.(과거 반대) (o)

[3] I wish they ~~had watched~~(→ **watched**) the movie now.

[4] I wish he **were**(→ **had been**) quieter at that time.

✎ But for, Without을 이용한 가정법

[5] But for air, we **could** not **live** even a single day.

[6] Without his advice, I **would have failed**.

✎ as if 가정법 → 과거시제 동사 또는 had p.p. 가능

[7] They talk as if they **liked** the idea.

[8] He talks as if he **had defeated** the enemies.

해석

[1] 이제 우리가 잘 시간이다.
[2] 이제는 우리가 환경 운동을 시작해야 할 때이다.
[3] 그들이 지금 그 영화를 본다면 좋을 텐데.
[4] 그가 그때 더 조용했었더라면 좋을 텐데.
[5] 공기 없이는 우리는 단 하루도 살아갈 수가 없을 것이다.
[6] 그의 충고가 없었더라면 나는 실패했을 것이다.
[7] 그들은 그 아이디어가 마음에 드는 것처럼 말한다.
[8] 그는 마치 자기가 적을 물리쳤던 것처럼 말한다.

 적중 포인트 *Level-up Exercise 01*

※ 다음 밑줄 친 부분이 옳으면 O, 옳지 않으면 X하고 올바르게 고치세요.

01 I wish I <u>listened</u> to my parents' advice earlier in life. ☐O☐X
02 <u>Have</u> they known about the traffic, they would have left earlier. ☐O☐X
03 She danced as if she <u>were</u> floating on air. ☐O☐X
04 Should you encounter any problems during your stay, <u>contacted</u> the front desk immediately. ☐O☐X

 적중 포인트 *Level-up Exercise 02*

※ 밑줄 친 부분에 들어갈 말로 적절한 것을 고르시오.

05 _____ applicants with suitable qualifications, we would consider hiring them for the position.
① Be there　　　　　　② Were there
③ If were there　　　　④ Had there been

06 It is high time that the government _____ more in public transportation.
① invests　　　　　② invested
③ had invested　　　④ invest

07 If she didn't have to work overtime every day, she _____ more time to spend with her family.
① will have　　　　　　② would have
③ would have had　　　④ would

08 _____ late, we will start the meeting without him.
① He will arrive　　　　② Should he arrive
③ Should he arrives　　④ Will he arrive

적중 포인트 Level-up Exercise 01 & 02 정답

01 X had listened　　　02 X Had　　　03 O　　　04 X (please) contact
05 ②　　　　　　　　　06 ②　　　　　07 ②　　　08 ②

진가영 영어
단판승 문법 적중 포인트 100

진가영 영어연구소 | cafe.naver.com/easyenglish7

연결어

13 접속사

적중 포인트 *CHECK-UP*

적중 포인트 078 **등위접속사**와 **병치** 구조 ★★★★
적중 포인트 079 **명사절 접속사**의 구분과 **특징** ★★★
적중 포인트 080 **부사절 접속사**의 구분과 **특징** ★★★
적중 포인트 081 **주의**해야 할 **부사절 접속사** ★★

신경향 출제 예상 문제 *Preview*

Q1 다음 밑줄 친 부분 중 어법상 옳지 않은 것은?

① <u>That</u> remains universal is the pursuit of happiness and purpose. Across cultures and throughout history, humans have ② <u>consistently</u> sought these fundamental aspirations. Whether through relationships, achievements, or ③ <u>personal growth</u>, the quest for happiness binds us together ④ <u>as</u> a global community.

Q2 다음 밑줄 친 부분에 들어갈 말로 가장 적절한 것은?

Double-check your calculations before submitting the report, _____ there could be inaccuracies that affect the final analysis.

① which
② and
③ what
④ or

✓ 신경향 출제 예상 문제 *Pen Checking*

Q1 다음 밑줄 친 부분 중 어법상 옳지 <u>않은</u> 것은?

① <u>That</u> [What → 명사절 접속사 that은 완전 구조를 취하고 what은 불완전 구조를 취함.] remains universal is the pursuit of happiness and purpose. Across cultures and throughout history, humans have ② <u>consistently</u> sought these fundamental aspirations. Whether through relationships, achievements, or ③ <u>personal growth</u>, the quest for happiness binds us together ④ <u>as</u> a global community.

Q2 다음 밑줄 친 부분에 들어갈 말로 가장 적절한 것은?

Double-check your calculations before submitting the report, 명령문과 함께 쓰이는 접속사 자리 there could be inaccuracies that affect the final analysis.

① which [×]

→ 주로 주어나 목적어가 없는 불완전 구조에서 쓰임.

② and [×]

→ 명령문과 함께 쓰이는 and는 '그러면'이라는 뜻으로 쓰임.

③ what [×]

→ 주어나 목적어가 없는 불완전 구조에서 쓰임.

④ or [○]

→ 명령문과 함께 쓰이는 or는 '그렇지 않으면'이라는 뜻으로 쓰임.

해석

Q1 지난 여름, 나는 아름다운 풍경으로 유명한 작은 해안 마을을 여행했다. 어느 저녁, 나는 해가 지고 있을 때 해변을 산책하기로 했다. 이전에 이런 아름다운 석양을 본 적이 없다. 하늘은 분홍색, 주황색, 보라색으로 물들었고, 물 위에 반사된 모습은 마치 전체 바다가 색으로 불타는 것처럼 보였다. 나는 그곳에 서서 경치에 매료되어 깊은 평화와 감사의 마음을 느꼈다.

Q2 보고서를 제출하기 전에 계산을 다시 확인하세요. 그렇지 않으면 최종 분석에 영향을 미치는 부정확성이 있을 수 있습니다.

적중 포인트 078 등위접속사와 병치 구조 시험중요도 ★★★★

 빠르게 문제 푸는 *Solving Strategy*

◎ **등위접속사**가 나오면 **병치** 구조를 확인해야 한다.
◎ **등위접속사**가 **명령문** 뒤에 쓰일 때 **해석**에 주의한다.

 적중 포인트 *핵심 이론 Summary*

• 등위접속사

등위접속사	상관접속사
and, but, or	either A or B, neither A nor B
명령문과 등위접속사	not A but B (= B, not A)
명령문, and(그러면) 주어 + 동사 명령문, or(그렇지 않으면) 주어 + 동사	not only A but (also) B (= B as well as A) both A and B
병치 구조	
등위접속사를 통해 둘 이상의 어구가 연결될 때 동일한 문법적 성격(품사, 형태, 시제 등)이어야 하는데 이를 병치 구조라 한다.	

 문장으로 적용하는 *Solving Strategy*

✎ 등위접속사 또는 상관접속사 → **병치** 구조 확인

1 He packed up his possessions **slowly** and **deliberate**(→ **deliberately**).

2 You may take **either** the apple **nor**(→ **or**) the pear.

3 I **neither** **knew** nor **care**(→ **cared**) what had happened to him.

✎ 명령문, 등위접속사[and/or] → **해석** 확인

4 Hurry up, **and**(→ **or**) you will be late.

해석

1 그는 자기 소지품들을 천천히 신중하게 꾸렸다.
2 사과든 배든 어느 것이나 가져도 좋다.
3 나는 그에게 무슨 일이 있었는지 알지도 못했고 알고 싶지도 않았다.
4 서둘러라, 그렇지 않으면 늦는다.

적중 포인트 079 명사절 접속사의 구분과 특징   시험중요도 ★★★

✓ 빠르게 문제 푸는 *Solving Strategy*

◎ 명사절 접속사가 나오면 뒤에 문장 구조와 각 접속사의 특징을 확인한다.

✓ 적중 포인트 *핵심 이론 Summary*

• 명사절 접속사의 특징

접속사	특징
that	[~것], 완전 구조를 이끈다.
whether/if	[~인지, ~일지], 완전 구조를 이끈다.
	or (not)을 수반하여 함께 쓰일 수 있다.
	if는 타동사 뒤의 목적어 자리에만 쓰인다.
what	[~것], 선행사를 포함한 관계대명사
	주어, 목적어, 보어 중 하나가 빠져 있는 불완전 구조를 이끈다.
	what 주어 be동사 (주어의 인격/주어의 상태), what 주어 have (주어의 재산)
	A is to B what[as] C is to D (A와 B의 관계는 C와 D의 관계와 같다)
의문사	의문 대명사(who, whom, which, what) + 불완전 구조
	의문 부사(when, where, why, how) + 완전 구조
복합관계대명사	주어, 목적어, 보어 중 하나가 빠져 있는 불완전 구조를 이끈다.
	whomever와 whoever를 구분한다. whomever는 목적어가 없을 때에만 쓰일 수 있다.

✓ 문장으로 적용하는 *Solving Strategy*

✎ 명사절 접속사 that + 완전 구조 ⑤ 명사절 접속사 what + 불완전 구조

1 ~~That~~(→ What) you say doesn't make any sense to me.

✎ 명사절 접속사 if → 타동사 뒤의 목적어 역할만 가능

2 ~~If~~(→ Whether) it is a good plan or not **is** a matter for argument.

3 We **didn't know** if we should write or phone.

해석

1 네가 하는 말을 나는 이해할 수가 없다.
2 그것이 좋은 계획인지 아닌지는 논쟁의 여지가 있다.
3 우리는 전화를 해야 할지 편지를 써야 할지 몰랐다.

적중 포인트 080 부사절 접속사의 구분과 특징 시험중요도 ★★★

✓ 빠르게 문제 푸는 Solving Strategy

◎ 문장에서 **부사절**은 주절의 앞 또는 **뒤**에 놓일 수 있고 의미에 따라 올바른 부사절 접속사의 선택과 **전치사**와 **부사절 접속사**의 **차이**를 구분할 수 있어야 한다.

✓ 적중 포인트 핵심 이론 Summary

• 부사절 접속사의 구분

시간 접속사 [미래시제 ✕]	• when, while • till, until • whenever / every time / each time • as • since	• before, after • as soon as • by the time • the moment • the first time
조건 접속사 [미래시제 ✕]	• if, suppose, supposing, providing, provided • unless • on condition that	• in case • as long as / so long as
양보 접속사	• though, although, even though, even if • while, whereas	• whether
이유 접속사	• because, since, as(in as much as) • now that • on the ground that	• 중간 for • seeing that • in that
목적 접속사	• so that, in order that [긍정]	• lest, for fear (that) [부정]
결과 접속사	• so (that)	• so ~ that, such ~ that
양태 접속사	• (just) as	• like

• 부사절 접속사와 비슷한 의미의 전치사

접속사(동사를 포함한 절을 이끈다)	전치사(명사를 추가한다)
while	during
until	until, by
though, although	despite, in spite of
because	because of, due to, owing to, on account of

✔ 문장으로 적용하는 *Solving Strategy*

✎ 접속사(동사를 포함한 절을 이끈다) ⓥⓢ 전치사(명사를 추가한다)

1 Her voice was shaking **though**(→ **despite**) all her efforts to control it.

2 Officially, he resigned **because**(→ **because of**) bad health.

3 She has four costume changes **white**(→ **during**) the play.

해석

1 목소리가 떨리지 않게 하려고 무진 애를 썼는데도 불구하고 그녀의 목소리는 떨렸다.

2 공식적으로는, 그가 건강이 안 좋아서 사직한 것으로 되어있다.

3 그 연극 중에 그녀는 의상을 네 번 갈아입는다.

적중 포인트 081 주의해야 할 부사절 접속사   시험중요도 ★★

 빠르게 문제 푸는 *Solving Strategy*

◎ lest와 unless는 이미 부정의 의미가 있으므로 **뒤에 부정부사 not을 쓰지 않는다.**
◎ afterwards는 '나중에, 이후에'라는 의미의 **부사**로 접속사가 아니므로 동사를 추가할 수 없다.

 적중 포인트 *핵심 이론 Summary*

• 부정어와 동사에 주의해야 할 접속사

lest 주어 (should) 동사원형 for fear (that) 주어 (should) 동사원형	+ ~~not~~	~하지 않도록, ~할까봐
unless 주어 + 동사		만약 ~하지 않는다면

 문장으로 적용하는 *Solving Strategy*

✎ lest와 for fear (that) → 뒤에 **부정어 (x) (should) 동사원형 (o)**

1 He was on full alert lest similar problems **are**(→ **should be, be**) posed again.

2 We made haste lest we **should ~~not~~ be** late.

3 She slipped out of the room **for fear that** she **should ~~not~~ be** seen by her father.

✎ afterwards → **접속사 (x) 부사 (o)**

4 Everything changed **afterwards**(→ **after**) we left home.

5 They lived happily ever **afterwards**.

해석

1 그는 또 다시 비슷한 문제가 생기지 않도록 촉각을 곤두세웠다.
2 우리는 시간에 늦지 않도록 서둘렀다.
3 아버지에게 들키지 않으려고 그녀는 방에서 살짝 나왔다.
4 우리가 집을 떠난 후 모든 것이 바뀌었다.
5 그들은 그 후 내내 행복하게 잘 살았다.

적중 포인트 *Level-up Exercise 01*

※ 다음 밑줄 친 부분이 옳으면 O, 옳지 않으면 X하고 올바르게 고치세요.

01 Neither the manager nor <u>the employees were</u> aware of the impending changes. ☐O ☐X

02 The success of the event hinges on <u>if</u> the weather clears up by tomorrow. ☐O ☐X

03 Music is to the soul <u>which</u> medicine is to the body. ☐O ☐X

04 She won't be able to finish the project on time unless she <u>doesn't get</u> more help from her colleagues. ☐O ☐X

 적중 포인트 *Level-up Exercise 02*

※ 밑줄 친 부분에 들어갈 말로 적절한 것을 고르시오.

05 I will hire _____ the most dedication to the project.
　① whoever demonstrates 　② whoever demonstrate
　③ the man who demonstrate 　④ whomever demonstrates

06 He locked the door securely _____ anyone enter his room without permission.
　① so that 　② lest
　③ and 　④ unless

07 He washed the dishes, cleaned the kitchen, and then _____ to bed.
　① to go 　② going
　③ go 　④ went

08 The event will take place outdoors, _____ the weather forecast remains favorable and there are no unexpected storms or heavy rainfall.
　① providing that 　② in order that
　③ for fear 　④ but

적중 포인트 Level-up Exercise 01 & 02 정답			
01 O	**02** X whether	**03** X what/as	**04** X gets
05 ①	**06** ②	**07** ④	**08** ①

14 관계사

신경향 출제 예상 문제 Preview

Q1 다음 밑줄 친 부분 중 어법상 옳지 않은 것은?

As we ① entered his studio, the room was filled with the scent of oil paints and the sight of numerous canvases. He showed me the painting which he had worked on ② it for months, a masterpiece of intricate details and vibrant colors. The dedication and passion he ③ had poured into his work were evident in every brushstroke. As he explained ④ the inspiration behind the piece, I could see the pride in his eyes.

Q2 다음 밑줄 친 부분에 들어갈 말로 가장 적절한 것은?

The artist _____ work was displayed in the gallery and received critical acclaim from both the public and art critics alike, won several prestigious awards

① who   ② whose
③ that   ④ what

✓ 신경향 출제 예상 문제 *Pen Checking*

Q1 다음 밑줄 친 부분 중 어법상 옳지 않은 것은?

As we ① entered his studio, the room was filled with the scent of oil paints and the sight of numerous canvases. He showed me the painting which [he had worked on ② it [it 삭제 → 관계대명사 which는 '접속사+대명사'역할을 하므로 겹치는 대명사를 삭제하고 불완전 구조를 취해야 함.] for months, a masterpiece of intricate details and vibrant colors. The dedication and passion he ③ had poured into his work were evident in every brushstroke. As he explained ④ the inspiration behind the piece, I could see the pride in his eyes.

Q2 다음 밑줄 친 부분에 들어갈 말로 가장 적절한 것은?

The artist [명사를 수식하고 완전한 절을 취하는 관계대명사 자리] work was displayed in the gallery and received critical acclaim from both the public and art critics alike, won several prestigious awards.

① who [×]

→ 주로 주어나 목적어가 없는 불완전 구조에서 쓰임.

② whose [○]

→ 완전한 절을 취함.

③ that [×]

→ 주로 주어나 목적어가 없는 불완전 구조에서 쓰임.

④ what [×]

→ 주어나 목적어가 없는 불완전 구조에서 쓰임.

해석

Q1 지난 여름, 나는 아름다운 풍경으로 유명한 작은 해안 마을을 여행했다. 어느 저녁, 나는 해가 지고 있을 때 해변을 산책하기로 했다. 이전에 이런 아름다운 석양을 본 적이 없다. 하늘은 분홍색, 주황색, 보라색으로 물들었고, 물 위에 반사된 모습은 마치 전체 바다가 색으로 불타는 것처럼 보였다. 나는 그곳에 서서 경치에 매료되어 깊은 평화와 감사의 마음을 느꼈다.

Q2 그 예술가의 작품이 갤러리에 전시되어 대중과 미술 평론가들로부터 모두 큰 찬사를 받아 여러 권위 있는 상을 받았다.

적중 포인트 082 관계대명사의 선행사와 문장 구조   시험중요도 ★★★★

 빠르게 문제 푸는 *Solving Strategy*

◎ 관계대명사는 **선행사**가 올바르게 쓰였는지 그리고 **뒤의 문장 구조가 불완전**한지 확인한다.
◎ **소유격 관계대명사 whose**는 **완전한 절**을 이끌기 때문에 주의한다.

 적중 포인트 *핵심 이론 Summary*

• 관계대명사의 종류

선행사	관계대명사	절의 구조
사람	who	주어나 목적어가 없는 불완전 구조
	whom	목적어가 없는 불완전 구조
사람/사물	whose	완전 구조
사물	which	주어나 목적어가 없는 불완전 구조
사람/사물	that	주어나 목적어가 없는 불완전 구조

• 관계대명사의 용법

제한적 용법	'선행사 + 관계대명사'의 형태로 선행사를 수식할 때 쓴다.
	관계대명사 that은 제한적 용법으로만 쓰인다.
계속적 용법	'선행사 + 콤마(,) + 관계대명사'의 형태로 '접속사 + 대명사'의 의미로 해석하며, 선행사에 대한 정보를 추가할 때 쓴다.
	앞에 나온 구, 절, 문장을 수식할 경우 관계대명사 which를 계속적 용법으로 쓴다.

 문장으로 적용하는 *Solving Strategy*

✎ **관계대명사 →** 선행사 확인하고 뒤에 오는 절이 불완전 구조인지 확인

1 My friend, **which(→ who)** lives in Chicago, has two sons.

2 I don't like to speak ill of **friends whom** you are close to **them**.

3 My brother, **who(→ whose)** major was economics, is a professor of university.

해석

1 내 친구는 시카고에서 사는데, 두 명의 아들이 있다.
2 당신이 가까이 하고 있는 친구들을 나쁘게 말하고 싶지 않다.
3 내 동생은 전공이 경제학인데 대학 교수이다.

적중 포인트 083 「전치사 + 관계대명사」 완전 구조   시험중요도 ★★★★

 ### 빠르게 문제 푸는 *Solving Strategy*

◎ 「전치사 + 관계대명사」가 나오면 **전치사**에 유의하고 뒤에 **완전 구조**인지 확인한다.
◎ 관계대명사 that은 전치사 뒤에 쓸 수 없으므로 주의한다.
◎ 「부분/전체를 나타내는 명사 of 관계대명사」는 선행사에 수 일치를 확인한다.

 ### 적중 포인트 *핵심 이론 Summary*

● 「전치사 + 관계대명사」의 특징

전치사(in / on / for / with / at / ...) + 관계대명사(which / whom)	
완전 구조를 이끈다.	전치사 선택 → 동사구 확인, 선행사와 결합 확인

● 「부분/전체를 나타내는 명사 of 관계대명사」

부분/전체를 나타내는 명사(all/most/some) of 관계대명사(which/whom)	
사물 선행사 + all/most/some of which + 동사	동사는 선행사와 수 일치
사람 선행사 + all/most/some of whom + 동사	

문장으로 적용하는 *Solving Strategy*

✎ 「전치사 + 관계대명사」가 나오면 **전치사**에 유의하고 뒤에 완전 구조인지 확인

1 Valentine's Day has become a day **for(→ on) which** women give chocolate to men.

2 The position **in(→ for) which** you have applied has already been filled.

3 The patient **for(→ on) whom** the physician spent much effort has recovered.

✎ 「부분/전체를 나타내는 명사 of 관계대명사」는 선행사와 **수 일치** 확인

4 The police found the missing children, **most of whom was(→ were)** seriously wounded.

5 The writer wrote a lot of novels, **some of which has(→ have)** been published.

> 해석

1 발렌타인데이는 여성들이 남성들에게 초콜릿을 주는 날이 되었다.
2 당신이 지원한 자리는 이미 채용되었다.
3 그 의사가 공들인 환자는 회복했다.
4 경찰은 실종된 아이들을 찾아냈으며, 그들 중 대부분이 심각하게 다친 상태였다.
5 그 작가는 많은 소설을 썼으며 그것들 중 일부는 출판되었다.

Chapter — 14

적중 포인트 084 관계대명사 주의 사항 시험중요도 ★★★

 빠르게 문제 푸는 *Solving Strategy*

◎ 다음의 **관계대명사 주의 사항**에 해당하는 경우를 암기하고 적용한다.

 적중 포인트 *핵심 이론 Summary*

• 관계대명사 주의 사항

❶ 삽입절이 들어가 있는 절의 구조에서 **주어**가 **없는** 경우에는 whom이 아닌 **who**를 써야 한다.
   • 삽입절 : 「주어 + think, believe, say, know, guess」

❷ 주격 관계대명사 뒤에 동사는 **선행사**와 **수 일치** 한다.

❸ 선행사가 「명사 + 전치사 + 명사」 구조는 해석을 통해서 어떤 명사를 수식하는지 확인한다.

❹ 선행사가 의문사일 때는 that으로 수식한다.

❺ 「선행사 + 주어 + 동사 + 목적어 없음」 구조는 목적격 관계대명사가 생략된 구조이다.

❻ 계속적 용법에서 쓰인 목적격 관계대명사는 생략될 수 없으므로 주의한다.

❼ 소유격 관계대명사 whose는 「of which the 명사」 또는 「the 명사 of which」 구조로 표현할 수 있다.

✓ 문장으로 적용하는 *Solving Strategy*

✎ 삽입절 뒤에 주어가 없는 경우에는 whom (x) → who

1 She is the one **whom(→ who)** I think **will win** the race.

✎ 주격 관계대명사 뒤에 동사 → 선행사와 수 일치

2 These planets are found near stars **that is(→ are)** similar to our Sun.

✎ 소유격 관계대명사 「whose + 명사」
= 「of which the 명사」 또는 「the 명사 of which」

3 This is the picture **whose price** is incredibly high.
  = This is the picture **of which the price** is incredibly high.
  = This is the picture **the price of which** is incredibly high.

✎ 선행사가 의문사일 때는 that으로 수식

4 **Who that** knows him would trust his words?

Chapter 14

해석

1 그녀는 내가 경주에서 이길 것이라고 생각하는 사람이다.
2 이 행성들은 우리의 태양과 유사한 별 가까이에서 발견된다.
3 이것은 값이 엄청나게 비싼 그림이다.
4 그를 아는 누가 그를 믿을까?

적중 포인트 085 유사관계대명사 as, but, than 시험중요도 ★★★

 빠르게 문제 푸는 *Solving Strategy*

@ as와 but과 than은 유사관계대명사로 **특정 선행사**를 수식하고 뒤에 **불완전한 절**을 이끈다.
@ 유사관계대명사 but은 **부정의 의미**를 포함하고 있으므로 뒤에 **부정 표현**을 쓰지 않는다.
@ as is often the case with **명사**는 유사관계대명사 as를 포함한 관용 표현으로 쓰인다.

 적중 포인트 *핵심 이론 Summary*

• 유사관계대명사

특정 선행사	유사관계대명사	절의 구조
the same, such, as, so를 포함한 명사	as	
부정어를 포함한 명사 (no 명사, few 명사, little 명사)	but (= that ~ not)	(주어나 목적어 없는) 불완전 구조
비교급[more 형용사/부사, 형용사/부사er]	than	

 문장으로 적용하는 *Solving Strategy*

✎ 유사관계대명사 'as, but, than' → 나오면 선행사 확인

① This is **the same** kind of watch **as** I have lost.

② There is **more** money **than** is needed.

✎ 유사관계대명사 but → 뒤에 **not (x)**

③ There is **no one but** ~~doesn't have~~(→ **has**) some faults.

✎ as is often the case with 명사 → '**명사에게 흔히[종종] 그렇듯이**'

④ **As is often the case with** children, Joshua is afraid of doctors.

해석
① 이것은 내가 잃어버린 것과 같은 종류의 시계이다.
② 필요 이상의 돈이 있다.
③ 실수를 하지 않는 사람은 아무도 없다.
④ 아이들이 종종 그렇듯이 Joshua는 의사를 무서워한다.

적중 포인트 086 관계부사의 선행사와 완전 구조 시험중요도 ★★★

 빠르게 문제 푸는 *Solving Strategy*

🎯 관계부사는 선행사에 따라 다르고 뒤에 완전 구조를 이끈다.
🎯 the way와 how는 겹쳐 쓰지 않고 둘 중 하나가 생략되어야 한다.

 적중 포인트 핵심 이론 *Summary*

• 관계부사

선행사	관계부사	절의 구조
시간 [the time]	when	
장소 [the place]	where	완전 구조
이유 [the reason]	why	
방법 [the way]	how	

• 선행사가 the time, the place, the reason, the way일 때에는 관계부사 when, where, why, how 대신에 관계부사 that으로 나타낼 수 있다.

• 관계부사 앞에 the place, the time, the reason과 같은 일반적 의미의 선행사가 오는 경우, 선행사나 관계부사 중 하나를 생략할 수 있다.

 문장으로 적용하는 *Solving Strategy*

✎ 관계부사 + 완전 구조 ⓥⓢ 관계대명사 + 불완전 구조

1 We visited the house **where** Shakespeare was born.

2 This is the house **where**(→ **which**) I told you about.

✎ the way how (x) → 둘 중 하나 생략

3 I don't like ~~the way how~~(→ **the way/how**) he talks.

해석

1 우리는 셰익스피어의 생가를 방문했다.
2 이것이 너에게 말한 바로 그 집이다.
3 나는 그가 말하는 태도가 마음에 들지 않는다.

Chapter ── 14

적중 포인트 087 관계사, 의문사, 복합관계사의 구분 시험중요도 ★★

 빠르게 문제 푸는 Solving Strategy

◎ 관계사는 선행사를 수식하는 형용사절 역할을 한다.
◎ 의문사는 명사절을 이끌며 주어, 목적어, 보어 역할을 한다.
◎ 복합관계사는 복합관계대명사와 복합관계부사로 나눠지며 복합관계대명사는 명사절과 부사절을 이끌고 복합관계부사는 부사절을 이끈다.
◎ whomever는 목적어가 없는 불완전한 구조를 이끈다.
◎ however가 형용사나 부사와 쓰일 때는 「however 형용사/부사 + 주어 + 동사」 구조로 쓴다.

 적중 포인트 핵심 이론 Summary

• 복합관계사의 종류

복합관계대명사 + 불완전 구조			복합관계부사 + 완전 구조		
종류 \ 역할	명사절(~든)	양보 부사절(~라도)	종류 \ 역할		양보 부사절(~라도)
whoever	anyone who	no matter who	whenever		no matter when
whomever	anyone whom	no matter whom	wherever		no matter where
whichever	anything that	no matter which	however		no matter how
whatever	anything that	no matter what			

 문장으로 적용하는 Solving Strategy

✎ 주어가 없는 불완전 구조 → whomever (x) whoever (o)

1 ~~Whomever~~(→ Whoever) comes back first is supposed to get a lot of money.

2 A gift card will be given to ~~whomever~~(→ whoever) completes the questionnaire.

✎ however는 형용사나 부사와 쓰일 때 → 「however 형용사/부사 + 주어 + 동사」

3 However hard you may try ~~hard~~, you cannot carry it out.

해석

1 누구든지 먼저 돌아오면 큰돈을 받기로 되어 있다.
2 설문지를 작성한 누구든 기프트 카드가 지급된다.
3 당신이 아무리 노력해도, 그것을 실행할 수 없다.

적중 포인트 *Level-up Exercise 01*

※ 다음 밑줄 친 부분이 옳으면 O, 옳지 않으면 X하고 올바르게 고치세요.

01 The employee who <u>receiving</u> the award last year works in the marketing department. ☐O☐X

02 The laptop <u>whose</u> I bought last year is still under warranty. ☐O☐X

03 He tackled the problem head-on, however <u>difficult</u> the solution might be to find. ☐O☐X

04 Following the investigation, there is no policy but <u>doesn't have</u> some loopholes that require clarification. ☐O☐X

 적중 포인트 *Level-up Exercise 02*

※ 밑줄 친 부분에 들어갈 말로 적절한 것을 고르시오.

05 The team conducted thorough research _____ they were praised by their supervisor.
① which   ② in which   ③ for which   ④ that

06 I remember the time _____ we first met during the training program.
① for which   ② when   ③ which   ④ in which

07 The city _____ the conference will be held has state-of-the-art facilities for large events.
① where   ② which   ③ why   ④ whose

08 The regulations _____ implemented last year have significantly improved public safety.
① which they were   ② which they had
③ that were   ④ that have

적중 포인트 Level-up Exercise 01 & 02 정답

01 X received	02 X which/ that	03 O	04 X has
05 ③	06 ②	07 ①	08 ③

15 전치사

 적중 포인트 *CHECK-UP*

▶ 적중 포인트 088 **전치사**와 **명사** 목적어 ★★★
▶ 적중 포인트 089 **주의**해야 할 **전치사** ★★★

 신경향 출제 예상 문제 *Preview*

Q1 다음 밑줄 친 부분 중 어법상 옳지 않은 것은?

In his role as a government official, David Peterson excelled in ① <u>handling</u> diverse responsibilities, from drafting policies ② <u>to coordinating</u> with international stakeholders. He was instrumental in implementing reforms ③ <u>aimed at</u> improving efficiency within government agencies. ④ <u>A strong focus</u> on accountability, he conducted thorough audits of financial expenditures and ensured compliance with regulatory standards.

Q2 다음 밑줄 친 부분에 들어갈 말로 가장 적절한 것은?

_____ its foundation, the organization has prioritized innovation and quality, expanding globally through strategic partnerships and pioneering research.

① Because
② Since
③ Though
④ While

✓ 신경향 출제 예상 문제 *Pen Checking*

Q1 다음 밑줄 친 부분 중 어법상 옳지 않은 것은?

In his role as a government official, David Peterson excelled in ① handling diverse responsibilities, from drafting policies ② to coordinating with international stakeholders. He was instrumental in implementing reforms ③ aimed at improving efficiency within government agencies. ④ A strong focus [With a strong focus → 수식어 자리에는 명사는 전명구로 쓴다.] on accountability, he conducted thorough audits of financial expenditures and ensured compliance with regulatory standards.

Q2 다음 밑줄 친 부분에 들어갈 말로 가장 적절한 것은?

명사 목적어를 취하는 수식어 자리 its foundation, the organization has prioritized innovation and quality, expanding globally through strategic partnerships and pioneering research.

① Because [×]
→ 접속사이므로 명사가 아닌 절과 함께 쓰임.

② Since [○]
→ 시점을 나타내는 명사와 함께 쓰이는 전치사로 '~이후로'라는 의미를 지니며 주절에 완료시제와 함께 쓰임.

③ Though [×]
→ 접속사이므로 명사가 아닌 절과 함께 쓰임.

④ While [×]
→ 접속사이므로 명사가 아닌 절과 함께 쓰임.

해석

Q1 정부 공무원으로서 David Peterson은 다양한 책임을 효과적으로 수행하며, 정책 작성부터 국제 이해관계자와의 조정까지 맡아 왔다. 그는 정부 기관 내 효율성을 개선하기 위한 개혁을 주도적으로 추진했다. 특히 책임 감각을 강조하며 재정 지출에 대한 철저한 감사를 진행하고 규제 기준을 준수하도록 했다.

Q2 설립 이후로 이 조직은 혁신과 품질을 우선시하여 전략적 파트너십과 선도적인 연구를 통해 세계적으로 확장해 왔다.

Chapter —— 15

적중 포인트 088 전치사와 명사 목적어   시험중요도 ★★★

 빠르게 문제 푸는 Solving Strategy

◎ 전치사는 뒤에 **명사**나 **동명사**를 목적어로 취할 수 있다.
◎ **동사**나 **형용사**는 전치사의 목적어가 **될 수 없으므로** 주의한다.

✓ **적중 포인트 핵심 이론 Summary**

• 대표 전치사

의미	전치사	명사	예문
시간	at	시간, 시점	at dawn, at noon, at midnight, at sunset
	on	날짜, 요일, 특정한 날	on Sunday, on one's birthday, on Christmas Day
	in	월, 년, 계절, 세기 등 (길거나 일정한 기간)	in March, in 1999, in the past, in those days
	for	**막연한 기간(숫자+명사)**	for two years
	during	**특정한 기간**	during the conference
	over	기간	over the years, over the next three months
	by	**시간(동작의 완료)**	finish, complete, submit, hand in과 잘 쓰임
	till/until	**시간(상태의 지속)**	keep, remain, stay, wait, last와 잘 쓰임
	since	시점	since last week, since Tuesday
	before after	명사나 동명사 가능	before evening before entering the room, after storing it
장소	in	넓은 장소, 장소 내부	in Korea, in Seoul, in the box
	on	선과 면이 접촉 장소	on the street, on the coast, on the river
	at	좁은 장소	at home, at the hotel, at the airport
이유	because of, owing to, due to, on account of		
양보	despite, in spite of, with all, for all, notwithstanding		
제외	except, except for, excepting, apart from, aside from		
관계	~와 관계없이	regardless of, irrespective of, without regard to	
	~에 관하여	regarding, concerning, when it comes to, with regard[respect] to, as to, as for, in respect of, with reference to, in terms of	

• 전치사를 포함한 의미에 주의해야 할 표현

behind schedule	일정보다 늦게	out of stock	품절된
behind the times	시대에 뒤떨어진	out of the question	불가능한
behind time	늦게	at random	무작위로, 임의로
beyond criticism	비난의 여지가 없는	at risk, at stake	위험한, 위태로운
beyond doubt	의심의 여지 없이	at the expense of	~을 희생하여
beyond question out of question without question	의심할 여지가 없는	at no charge free of charge without charge	무료의
beyond description	형용(설명)할 수 없는	at all costs	어떤 희생을 해서라도
beyond expression	말로 다 표현할 수 없는	at will	마음대로
out of date	구식의, 시대에 뒤떨어진	at ease	편안한, 걱정 없이
out of fashion	유행이 지난	at a loss	당황한
out of order	고장 난, 정리가 안 된	in charge of	~을 책임지고 있는
out of season	제철이 아닌, 한물간	in light of	~관점에서
out of sorts	기분이 언짢은	in need	곤궁한

문장으로 적용하는 *Solving Strategy*

✎ 전치사 + 동사, 형용사 (x) → 전치사 + 명사, 동명사, the 형용사 (o)

1️⃣ The speaker was not good at get(→ getting) his ideas across to the audience.

2️⃣ The bank violated its policy by giving loans to unemployed(→ the unemployed).

3️⃣ They were stunned into silent(→ silence).

해석

1️⃣ 그 연사는 그의 생각을 청중들에게 전달하는 데 능숙하지 못했다.
2️⃣ 그 은행은 실업자들에게 대출을 해줌으로써 정책을 위반했다.
3️⃣ 그들은 놀라서 입을 다물었다.

적중 포인트 089 주의해야 할 전치사   시험중요도 ★★★

✔ 빠르게 문제 푸는 *Solving Strategy*

◎ 주의해야 할 전치사가 나오면 **올바르게 쓰였는지** 확인한다.

✔ 적중 포인트 *핵심 이론 Summary*

• 주의해야 할 전치사

❶ beside(~ 옆에) ⓥⓢ besides(~외에) → 해석 확인

❷ for 지속된 기간(숫자 기간, how long과 관련된 개념) ⓥⓢ during 구체적 기간 (어떠한 행동을 한 시점 명사)

❸ be familiar with 사물 ⓥⓢ be familiar to 사람

❹ after, before + 명사 / 동명사 / 주어 + 동사 → 전치사의 역할 뿐만 아니라 접속사도 가능

❺ from A to B → A부터 B까지

❻ by → 증가 · 감소 동사와 함께 쓰임, (be) p.p. 수동태 구조와 함께 쓰임,
「by the 신체 일부 / by 교통 · 통신 수단 / by 시간」

✔ 문장으로 적용하는 *Solving Strategy*

✎ **beside(~옆에)** ⓥⓢ **besides(~외에)** → 해석 확인

1 ~~Beside~~(→ Besides) working as a doctor, he also writes novels in his spare time.

✎ 「**be familiar with 사물**」 ⓥⓢ 「**be familiar to 사람**」

2 She **is familiar to**(→ with) the nuts and bolts of public relations.

✎ **for 숫자 기간** ⓥⓢ **during 시점 명사**

3 My father was in the hospital **during**(→ for) six weeks.

해석

1 그는 의사로 일하는 외에 여가 시간에 소설도 쓴다.
2 그녀는 홍보의 기본을 잘 알고 있다.
3 나의 아버지께서는 6주 동안 병원에 계셨다.

적중 포인트 *Level-up Exercise 01*

※ 다음 밑줄 친 부분이 옳으면 O, 옳지 않으면 X하고 올바르게 고치세요.

01 The policy applies to all applicants <u>irrespective</u> their age or previous work experience. ☐O ☐X

02 <u>Beside</u> attending meetings, Sarah is responsible for compiling detailed reports on policy recommendations. ☐O ☐X

03 They have been living in their current apartment <u>for five years</u> and are considering moving to a larger place. ☐O ☐X

04 Please complete the presentation slides <u>until</u> Monday morning so we can review them before the meeting. ☐O ☐X

적중 포인트 *Level-up Exercise 02*

※ 밑줄 친 부분에 들어갈 말로 적절한 것을 고르시오.

05 The report lacked clarity _____ the budget cuts would impact departmental operations.
① as to ② as to what ③ as to that ④ as to how

06 The project deadline was extended _____ the unexpected delays in procurement.
① given ② though ③ while ④ whereas

07 _____ her professional achievements, she is actively involved in community service activities.
① Apart from ② Although ③ Since ④ Even if

08 The angry customer seized her _____ and demanded to speak to the manager immediately.
① in the arm ② at the arm ③ for the arm ④ by the arm

적중 포인트 Level-up Exercise 01 & 02 정답

01 X irrespective of   02 X Besides   03 O   04 X by
05 ④   06 ①   07 ①   08 ④

진가영 영어
단판승 문법 적중 포인트 100

CHAPTER 16 **비교**
적중 포인트 090~100

비교 구문

16 비교

✓ 신경향 출제 예상 문제 *Preview*

Q1 다음 밑줄 친 부분 중 어법상 옳지 않은 것은?

The advancements in technology over the past decade ① <u>have</u> been remarkable. In particular, the development of artificial intelligence has revolutionized many industries. Early AI systems were quite basic and ② <u>limited</u> in functionality. However, today's AI is ③ <u>very</u> more sophisticated, capable of understanding and processing natural language. This level of sophistication has enabled businesses ④ <u>to automate</u> intricate tasks.

Q2 다음 밑줄 친 부분에 들어갈 말로 가장 적절한 것은?

The upgraded software processes data _____ than the older version, significantly improving productivity.

① three times more quickly   ② three times quickly
③ more three times quickly   ④ quickly three times

✓ 신경향 출제 예상 문제 *Pen Checking*

Q1 다음 밑줄 친 부분 중 어법상 옳지 않은 것은?

The advancements in technology over the past decade ① <u>have</u> been remarkable. In particular, the development of artificial intelligence has revolutionized many industries. Early AI systems were quite basic and ② <u>limited</u> in functionality. However, today's AI is ③ <u>very</u> [much → very는 원급을 꾸며주는 부사임.] more sophisticated, capable of understanding and processing natural language. This level of sophistication has <u>enabled</u> businesses ④ <u>to automate</u> intricate tasks,

Q2 다음 밑줄 친 부분에 들어갈 말로 가장 적절한 것은?

The upgraded software processes data 비교급 비교 구문 than the older version, significantly improving productivity.

① three times more quickly [○]

　　➡ 배수사는 비교급 앞에 씀.

② three times quickly [×]

　　➡ 비교급 비교 구문에서 쓰이는 접속사 than은 원급이 아니라 비교급과 함께 쓰임.

③ more three times quickly [×]

　　➡ 배수사는 비교급 앞에 씀.

④ quickly three times [×]

　　➡ 비교급 비교 구문에서 쓰이는 접속사 than은 원급이 아니라 비교급과 함께 쓰임.

Chapter —— 16

해석

Q1 지난 10년간의 기술 발전은 매우 주목할 만합니다. 특히, 인공지능의 발전은 많은 산업에 혁명을 일으켰다. 초기 AI 시스템은 매우 기본적이고 기능이 제한적이었다. 그러나 오늘날의 AI는 훨씬 더 정교하여 자연어를 이해하고 처리할 수 있다. 이러한 정교함 덕분에 기업들은 복잡한 작업을 자동화할 수 있게 되었다.

Q2 업그레이드된 소프트웨어는 이전 버전보다 세 배 더 빠르게 데이터를 처리하여 생산성을 크게 향상시켰다.

적중 포인트 090 원급 비교 구문

시험중요도 ★★★★

 빠르게 문제 푸는 *Solving Strategy*

◉ 원급 비교 구문에서 as를 more로 쓰거나 than으로 쓰면 **안 된다**.
◉ 원급 비교 구문에서 **형용사**를 쓸지 **부사**를 쓸지 문장 구조를 통해 확인한다.

 적중 포인트 *핵심 이론 Summary*

• **원급 비교 구문**

Ⓐ	as (부사)	형용사의 원급 부사의 원급 형용사 a 명사 many, few 복수 가산 명사 much, little 불가산 명사	as (접속사)	Ⓑ

• 부정문에서는 부사 as를 so로 쓸 수 있다.
• 원급 비교 구문 앞의 문장 구조가 완전한 구조면 부사를 쓴다.
• 원급 비교 구문 앞의 문장 구조가 보어가 없는 불완전한 구조면 형용사를 쓴다.

✓ **문장으로 적용하는** *Solving Strategy*

✎ 원급 비교 구문에서 **as**를 more로 쓰거나 than으로 쓰면 **안 된다.**
[1] She was not as beautiful ~~than~~(→ **as**) I had imagined.

✎ 앞의 문장 구조가 완전하면 **부사**, 2형식 동사나 5형식 동사의 보어가 필요하면 **형용사**
[2] She doesn't play the game as ~~good~~(→ **well**) as her mother.

[3] Tom is not so ~~honestly~~(→ **honest**) as John.

해석 ◀
[1] 그녀는 내가 상상했던 것만큼 아름답지는 않았다.
[2] 그녀는 엄마만큼 게임을 잘하지 못한다.
[3] Tom은 John만큼 정직하지 않다.

적중 포인트 091 비교급 비교 구문   시험중요도 ★★★★

 빠르게 문제 푸는 *Solving Strategy*

◎ 비교급 비교 구문에서 more를 as로 쓰거나 than을 as로 쓰면 **안 된다.**
◎ 비교급 비교 구문에서 **형용사**를 쓸지 **부사**를 쓸지 문장 구조를 통해 확인한다.

 적중 포인트 *핵심 이론 Summary*

• 비교급 비교 구문

Ⓐ	형용사+er 부사+er more 형용사 more 부사	than (접속사)	Ⓑ

• 비교급 비교 구문 앞의 문장 구조가 완전한 구조면 부사를 쓴다.
• 비교급 비교 구문 앞의 문장 구조가 보어가 없는 불완전한 구조면 형용사를 쓴다.
• 동일 대상의 성질을 비교할 때는 −er을 활용한 비교급을 쓰지 않고 more를 활용한 비교급을 쓴다.

 문장으로 적용하는 *Solving Strategy*

✎ 비교급 비교 구문에서 **more**를 as로 쓰거나 **than**을 as로 쓰면 안 된다.
1 She arrived **earlier** ~~as~~(→ **than**) the others.

✎ 앞의 문장 구조가 완전하면 **부사**, 보어가 필요하면 **형용사**
2 He read the letter **more** ~~careful~~(→ **carefully**) the second time.

✎ 동일 대상의 성질을 비교할 때는 **more**를 활용한 **비교급만 가능**
3 He is **more** clever **than** intelligent.

해석
1 그녀는 다른 사람들보다 일찍 도착했다.
2 그가 두 번째에는 그 편지를 더 세심히 읽었다.
3 그는 지적이기보다는 영리한 사람이다.

Chapter —— 16

적중 포인트 092 비교 대상 일치   시험중요도 ★★★★

✓ 빠르게 문제 푸는 *Solving Strategy*

◎ 비교 표현 뒤에 that과 those가 나오면 앞에 나온 비교 대상의 수에 따라 **단수 명사**면 that을 쓰고, **복수 명사**면 those를 쓴다.

◎ **비교 대상**이 **사물**과 사물일 때 인칭대명사의 주격이나 목적격이 아닌 **소유대명사**를 사용한다.

◎ 비교 구문 뒤에 to부정사나 동명사가 나온다면 **비교 대상의 형태**를 일치한다.

✓ 적중 포인트 *핵심 이론 Summary*

• 비교 대상 일치

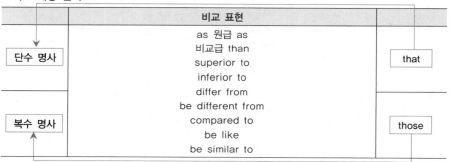

	비교 표현	
단수 명사	as 원급 as 비교급 than superior to inferior to differ from be different from compared to be like be similar to	that
복수 명사		those

✓ 문장으로 적용하는 *Solving Strategy*

✐ 비교 표현 뒤에 **that과 those**는 비교 대상과 수 일치 확인

[1] Our product's **quality** is better than those(→ that) of our competitors.

[2] Cubist **effects differ from** that(→ those) of the impressionists.

✐ 비교 구문 뒤에 비교 대상이 **사물**일 경우에는 소유대명사 확인

[3] **My house** is farther from the school than you(→ yours).

✐ 비교 구문 뒤에 **to부정사나 동명사**가 나온다면 비교 대상의 형태를 일치한다.

[4] It's better **to go** to the movies than staying(→ to stay) home.

해석

[1] 우리 제품의 품질은 경쟁 제품에 비해 월등하다.

[2] 입체파가 주는 느낌은 인상파의 그것과는 다르다.

[3] 내 집은 네 집보다 학교에서 더 멀다.

[4] 집에 있는 것보다 영화 보러 가는 것이 낫다.

적중 포인트 093 원급, 비교급, 최상급 강조 부사 시험중요도 ★★

 빠르게 문제 푸는 *Solving Strategy*

◎ 원급, 비교급, 최상급을 강조하는 부사가 올바르게 쓰였는지 확인한다.

 적중 포인트 *핵심 이론 Summary*

• 강조 부사

강조 부사	수식받는 표현
very	형용사 또는 부사의 **원급**
even, much, far, by far, a lot, still	형용사 또는 부사의 **비교급**
much, far, by far, very	최상급 수식

문장으로 적용하는 *Solving Strategy*

✐ 원급, 비교급, 최상급을 **강조하는 부사 확인**

1 They were **much(→ very)** happy throughout their married life.

2 Jobs nowadays are **very(→ much)** more insecure **than** they were ten years ago.

3 The last of these reasons is **by far** the most important.

4 They wanted the **very** best quality.

해석

1 그들은 결혼 생활 기간 내내 아주 행복했다.
2 오늘날에는 일자리가 십년 전보다 훨씬 더 불안정하다.
3 이 이유들 중 마지막 이유가 단연코 가장 중요하다.
4 그들은 단연코 최고의 품질을 원했다.

Chapter ─ 16

적중 포인트 094 「The 비교급 ~, the 비교급…」 구문 시험중요도 ★★★★

 빠르게 문제 푸는 *Solving Strategy*

◎ 「The 비교급 ~, the 비교급…」 구문에서는 **양쪽**에 the와 **어순** 그리고 **최상급**이나 **원급**이 아닌 **비교급** 이 올바르게 쓰였는지 확인한다.

 적중 포인트 *핵심 이론 Summary*

• 「The 비교급 ~, the 비교급…」 구문

구조	The 비교급 주어 + 동사 ~, the 비교급 주어 + 동사…
해석	~할수록 더 …하다
주의 사항	양쪽에 the를 써야 한다.
	more와 형용사/부사는 붙여서 쓴다.
	비교급 대신 원급이나 최상급을 쓸 수 없다.
	비교급이 명사를 수식할 때는 목적어로 쓰인 명사가 주어 앞에 위치할 수 있다.
	be동사는 생략 가능하다.

 문장으로 적용하는 *Solving Strategy*

✎ 「The 비교급 ~, the 비교급…」 구문 → 양쪽에 **the** 확인

1 **The more** she thought about it, **more(→ the more)** depressed she became.

✎ 「The 비교급 ~, the 비교급…」 구문 → more와 **형용사/부사는** 붙여서 쓴다.

2 **The more dangerous** it is **dangerous**, **the more** I want to do it.

✎ 「The 비교급 ~, the 비교급…」 구문 → **원급**이나 **최상급 (x)**

3 **The most(→ more) stable** a job becomes, **the more likely** we are to find it boring.

✎ 「The 비교급 ~, the 비교급…」 구문의 **어순확인**

4 **The higher** prices rose, **the more** money the workers asked for.

해석

1 그녀는 그것에 대해 생각을 할수록 점점 더 우울해졌다.
2 위험할수록 나는 그 일이 더 하고 싶어진다.
3 일이 점점 안정적으로 될수록 하는 일 자체는 지루한 경우가 많다.
4 물가가 오르면 오를수록 노동자들의 임금 요구도 증대했다.

적중 포인트 095 라틴어 비교 구문과 전치사 to ★★ 시험중요도 ★★

 빠르게 문제 푸는 *Solving Strategy*

◎ −or로 끝나는 **라틴어 비교** 표현은 접속사 than이 아닌 **전치사 to**와 쓰이므로 주의한다.

◎ **prefer**는 than과 to 둘 다 어울려 쓸 수 있지만 **각각 다른 형태**와 쓰이므로 주의한다.

 적중 포인트 *핵심 이론* *Summary*

• 라틴어 비교 구문

superior 더 우수한[우세한/우월한]	+ to(전치사) + 비교 대상 [~보다]
inferior 열등한	
junior 연하의, 더 어린	
senior 연상의	

• prefer를 활용한 비교 구문

prefer 더 좋아하다	명사	to	명사
	동명사		동명사
	to부정사	(rather) than	to부정사, 원형부정사

주의 be preferable to 구조로 쓴다.
주의 비교 대상이 명사나 동명사일 경우 to를 than으로 쓰면 안 된다.

 문장으로 적용하는 *Solving Strategy*

✐ − or로 끝나는 라틴어 비교 표현 → **접속사 than (x) 전치사 to (o)**

1 Their machine is superior ~~than~~(→ **to**) ours.

2 Modern music is often considered inferior ~~than~~(→ **to**) that of the past.

✐ prefer를 활용한 비교 구문 → **to와 than이 올바르게 쓰였는지 확인, 병치 구조 확인**

3 I prefer physics ~~than~~(→ **to**) chemistry.

4 I much prefer playing in the open air to ~~read~~(→ **reading**) indoors.

해석

1 그들의 기계가 우리 것보다 우수하다.
2 현대 음악은 흔히 과거의 음악보다 못한 것으로 여겨진다.
3 나는 화학보다 물리학을 더 좋아한다.
4 나는 집에서 독서하기보다 밖에서 놀기가 훨씬 더 좋다.

Chapter 16

적중 포인트 096 배수 비교 구문에서 배수사의 위치 [시험중요도 ★★]

 빠르게 문제 푸는 *Solving Strategy*

◎ **배수사**(두 배, 세 배, 네 배 등 어떤 수의 갑절이 되는 수)는 비교 구문 **앞에 위치**해야 한다.
◎ 두 배를 의미하는 twice는 원급 비교와만 쓸 수 있으므로 주의한다.

 적중 포인트 *핵심 이론 Summary*

• 배수 비교 구문

배수사	비교 구문	해석
three times, four times⋯	as 형용사 / 부사의 원급 as	~보다 몇 배 더 ⋯한
	비교급(형용사/부사er, more 형용사/부사) than	
	the 명사(size, height, amount)	명사의 몇 배

 문장으로 적용하는 *Solving Strategy*

✎ 배수사는 비교 구문 앞에 위치

1 It was ~~more ten times~~(→ **ten times more**) difficult than I expected.

2 The egg is ~~the three times size~~(→ **three times the size**) of the average egg.

✎ 두 배를 의미하는 twice → **원급 비교 구문만 가능**

3 New drivers have **twice as many** accidents **as** experienced drivers.

해석

1 그것은 내가 예상했던 것보다 열 배는 더 어려웠다.
2 그 계란은 보통 계란 크기의 세 배이다.
3 초보 운전자들은 경험 있는 운전자들보다 두 배 더 많은 사고를 낸다.

적중 포인트 097 원급을 이용한 표현

시험중요도 ★★★

 빠르게 문제 푸는 *Solving Strategy*

◉ 원급을 이용한 표현이 나오면 해석과 형태를 올바르게 썼는지 확인한다.

 적중 포인트 *핵심 이론 Summary*

• 원급을 이용한 표현

not so much A as B not A so much as B	A라기보다는 B
not so much as 동사	~ 조차 없다[않다]
as 형용사/부사 원급 as possible as 형용사/부사 as 주어 can(could) as 수량 형용사 + 명사 as possible	가능한 한~
as far as 주어 be concerned	~에 관한 한
as good as	~나 다름없는[마찬가지인]
as 형용사/부사 원급 as can be	굉장히 ~인

 문장으로 적용하는 *Solving Strategy*

✎ 원급을 이용한 표현 - 해석과 형태 확인

1 His plan is **not so much** ambitious **as** plain.

2 He can**not so much as write** his name.

3 Keep your answers **as** succinct **as possible**.

4 **As far as I'm concerned**, the rumors are absolutely false.

해석

1 그의 계획은 야심차다기보다는 평범하다.
2 그는 이름조차 못쓴다.
3 대답은 가능한 한 간단명료하게 하라.
4 내가 아는 한, 그 소문은 명백히 사실이 아니다.

Chapter ─ 16

적중 포인트 098 비교급을 이용한 표현

시험중요도 ★★★

 빠르게 문제 푸는 Solving Strategy

◎ 비교급을 이용한 표현이 나오면 의미와 형태에 주의한다.
◎ 양자 부정 표현과 양자 긍정 표현은 헷갈리기 쉬우므로 주의한다.
◎ 양자 부정 표현은 than 뒤에 not을 쓰지 않기 때문에 주의한다.

 적중 포인트 핵심 이론 Summary

• 비교급을 이용한 표현

긍정문, much[still] more	~은 말할 것도 없이
부정문, much[still] less	~은 말할 것도 없이
no more than	겨우, 단지 (= only)
no less than	~만큼이나, 자그마치 (= as much/many as)
not more than	기껏해야, 많아야 (= at (the) most)
not less than	적어도, 최소한 (= at (the) least)
more or less	대략, 거의
sooner or later	조만간[머잖아]
no longer	더 이상 ⋯아닌[하지 않는] (= not any longer)
no better than	~이나 다름없는 (= as good as)
the 비교급 of the two	둘 중에서 더 ~한

• 양자 부정 표현

Ⓐ	no	형용사의 비교급 부사의 비교급	than	Ⓑ	B만큼 A도 ~않다 B가 아닌 것처럼 A도 아니다
	not	~ any more			
	A is no more B than C is D				A도 B가 아니다 C가 D가 아니듯

• 양자 긍정 표현

Ⓐ	no less	형용사 부사	than	Ⓑ	B 못지않게 A도 ~ 다

✓ 문장으로 적용하는 *Solving Strategy*

✎ 긍정문, much[still] more ⓥ 부정문, much[still] less

☐1 No explanation was offered, still ~~more~~(→ less) an apology.

☐2 His books are easy to understand, much ~~less~~(→ more) his lectures.

✎ 비교급을 이용한 표현 → 해석과 형태 확인

☐3 There is room for **no more than** three cars.

☐4 James speaks English **the more** fluently **of the two**.

✎ no more ~ than은 양자 부정 ⓥ no less ~ than은 양자 긍정

☐5 To the best of my knowledge, she is **no less** beautiful **than** her sister.

☐6 I'm **no less** competent **than** he is.

☐7 Mary is **no more** experienced in marketing **than** John.

✎ 양자 부정 표현은 than 뒤에 not (x)

☐8 He is **not** mad **any more than** you are ~~not~~.

☐9 An ostrich **cannot** fly **any more than** a kiwi **can** ~~not~~.

해석

☐1 아무런 해명도 없었다. 사과는 말할 것도 없고.
☐2 그의 저서들은 이해하기가 쉽다. 하물며 그의 강의는 말할 것도 없고.
☐3 겨우 자동차 세 대가 들어갈 공간밖에 없다.
☐4 James는 둘 중에서 영어를 더 유창하게 말한다.
☐5 내가 아는 바로는 그녀는 언니 못지않게 아름답다.
☐6 나는 그 못지않게 유능하다.
☐7 John처럼 Mary도 마케팅에 경험이 없다.
☐8 네가 미치지 않은 것처럼 그도 미친 사람은 아니다.
☐9 타조가 날지 못하는 것은 키위가 날지 못하는 것과 같다.

적중 포인트 099 최상급 구문   시험중요도 ★

 빠르게 문제 푸는 *Solving Strategy*

◎ **최상급**을 나타내는 **표현**은 **중복**해서 **쓰지 않는다**.
◎ **최상급**을 이용한 **구문**이 나오면 형태와 의미가 올바르게 쓰였는지 확인한다.

 적중 포인트 *핵심 이론* Summary

• **최상급 구문**

(the)	형용사est most 형용사	(in 명사) (of 명사)	가장 ~한
	부사est most 부사		가장 ~하게

• **최상급을 이용한 구문**

the 서수 + 최상급	몇 번째로 가장 ~한
최상급 (that) 주어 ever	여태껏 ~한 것 중 가장 ~한
one of the 최상급 복수명사	가장 ~한 것 중 하나
be the last person[man] to부정사	결코 ~할 사람이 아니다

 문장으로 적용하는 *Solving Strategy*

✐ 최상급 표현 중복 (x)

1 The **most easiest** way to prevent a cold is washing your hands.

✐ 최상급을 이용한 구문 → 형태와 의미 확인

2 It is the second ~~targer~~(→ **largest**) insurance company in Canada.

3 This dog is **the smartest** German shepherd **I've ever seen** in my life.

4 The eye is **one of the most delicate organ**(→ **organs**) of the body.

해석

1 감기를 예방하는 가장 쉬운 방법은 손을 씻는 것이다.
2 그 회사는 캐나다에서 두 번째로 큰 보험 회사다.
3 여태껏 본 독일 셰퍼드 중에 이 개가 제일 똑똑하다.
4 눈은 신체에서 가장 연약한 기관 중 하나이다.

적중 포인트 100 원급과 비교급을 이용한 최상급 대용 표현 시험중요도 ★★★★

빠르게 문제 푸는 *Solving Strategy*

◉ **부정 주어**와 함께 쓰인 **원급**과 **비교급** 구문은 **최상급**의 **의미**가 있다.
◉ 비교급을 이용한 **최상급 대용 표현**이 나오면 **단수 명사**인지 **복수 명사**인지 확인한다.

적중 포인트 *핵심 이론 Summary*

• 원급과 비교급을 이용한 최상급 대용 표현

부정 주어	as(so) 형용사/부사 원급 as
	비교급 than
비교급	than any other 단수 명사
	than all the other 복수 명사

문장으로 적용하는 *Solving Strategy*

✐ **부정 주어**와 함께 쓰인 **원급**과 **비교급** 구문 → **최상급** 의미

1 **Everything(→ Nothing)** in business is **so** important **as** credit.

2 **No other man** is **faster than** Bolt in the whole world.

✐ 비교급 than any other **단수 명사** ⓥ 비교급 than all the other **복수 명사**

3 She is **more** beautiful **than any other girls(→ girl)** in the class.

4 Common sense is **more** important **than any other things(→ thing)** in social life.

5 Tom runs **faster than all the other man(→ men)** in the club.

해석

1 사업에서 신용만큼 중요한 것은 없다.
2 전 세계에서 Bolt보다 빠른 사람은 없다.
3 그녀는 학급에서 가장 예쁜 소녀이다.
4 상식은 사회생활에 있어서 다른 어떤 것보다 더 중요하다.
5 Tom은 클럽의 다른 모든 남자들보다 더 빨리 달린다.

✓ 적중 포인트 *Level-up Exercise 01*

※ 다음 밑줄 친 부분이 옳으면 O, 옳지 않으면 X하고 올바르게 고치세요.

01 The new regulations aim to produce <u>fewer emissions</u> from industrial factories. ⬜O⬜X

02 He spends <u>not more than</u> an hour a day on social media to avoid distractions. ⬜O⬜X

03 She spent <u>as less</u> time as possible on social media to focus on her studies. ⬜O⬜X

04 He barely has time for his hobbies, <u>much more</u> a second job. ⬜O⬜X

✓ 적중 포인트 *Level-up Exercise 02*

※ 밑줄 친 부분에 들어갈 말로 적절한 것을 고르시오.

05 The new software system allows us to process orders _____ than the previous system.
① more efficiently   ② more efficiency
③ much efficiently   ④ more efficient

06 His academic achievements were _____ those of the previous year's graduates.
① more superior to   ② superior than
③ superior to   ④ more superior

07 _____, the greater the public trust we earn.
① Much transparent we are   ② The more transparent we are
③ The more we are transparent   ④ We are more transparent

08 His career prospects are brighter than _____ due to his exceptional skills and dedication.
① that of his peers   ② his peers
③ those of his peers   ④ peers

적중 포인트 Level-up Exercise 01 & 02 정답			
01 O	02 O	03 X as little	04 X much less
05 ①	06 ③	07 ②	08 ③

MEMO

진가영

주요 약력

現) 박문각 공무원 영어 온라인, 오프라인 대표교수
서강대학교 우수 졸업
서강대학교 영미어문 심화 전공
중등학교 정교사 2급 자격증
단기 공무원 영어 전문 강의(개인 운영)

주요 저서

진가영 영어 신경향 독해 기본다지기[신독기](박문각)
진가영 영어 신경향 독해 마스터 시즌 1 [신독마](박문각)
진가영 영어 신경향 어휘 마스터(박문각)
진가영 영어 단기합격 문법 All In One(박문각)
진가영 영어 단기합격 독해 All In One(박문각)
진가영 영어 단기합격 VOCA(박문각)
진가영 영어 기출문제집 문법·어휘(박문각)
진가영 영어 기출문제집 반한다 독해(박문각)
진가영 영어 독해 끝판왕[독판왕](박문각)
진가영 영어 문법 끝판왕[문판왕](박문각)
진가영 영어 진독기 구문독해 시즌1(박문각)
진가영 영어 단판승 문법 적중 포인트 100(박문각)
진가영 영어 단판승 생활영어 적중 70(박문각)
진가영 영어 적중 하프 모의고사(박문각)
2024 박문각 공무원 봉투모의고사(박문각)

진가영 영어 ✧✦ 단판승 문법 적중 포인트 100

초판 발행 2024. 8. 5. | **2쇄 발행** 2025. 1. 15. | **편저자** 진가영
발행인 박 용 | **발행처** (주)박문각출판 | **등록** 2015년 4월 29일 제2019-000137호
주소 06654 서울시 서초구 효령로 283 서경 B/D 4층 | **팩스** (02)584-2927
전화 교재 문의 (02)6466-7202

저자와의
협의하에
인지생략

정가 15,000원
ISBN 979-11-7262-128-5